M

Die besten Rezepte aus Hamburg und Schleswig-Holstein

Zusammengestellt und bearbeitet von
Ulla Jacobs und Heidrun Schaaf

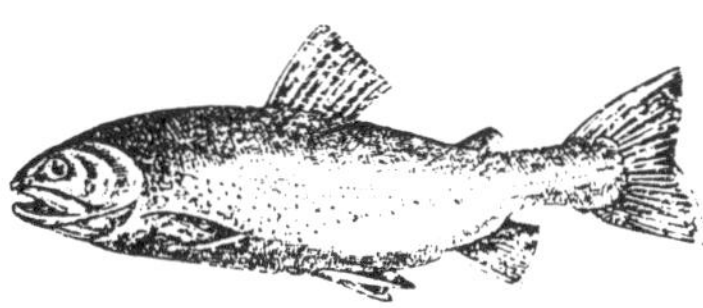

MOSAIK VERLAG

Inhalt

Vorwort

Hausfrau oder Hausmann können in der traditionsreichen Hansestadt Hamburg ebenso wie im „meerumschlungenen“ Schleswig-Holstein aus dem vollen schöpfen. Es wächst und gedeiht alles vor der Haustür.

Obst und Gemüse kommen von den fruchtbaren Marschen. Das Alte Land zwischen Hamburg und Stade ist Deutschlands größter Obstgarten. Die Vierlande, direkt vor den Toren Hamburgs, liefern Obst und Gemüse in Fülle. Auch die beliebten Geflügel wie Stubenküken, Enten und Puten werden in den Vierlanden gezüchtet. Auf den ausgedehnten Weiden Schleswig-Holsteins grasen Rinder, die hervorragendes Fleisch für Kluftsteaks, Pökelfleisch und andere fleischliche Herrlichkeiten liefern.

Die wichtigste Grundlage hanseatischer Küche kommt aus dem Meer. Angelschellfisch, Seezungen, Krabben, Matjes und Heringe werden reichlich und täglich frisch auf den Fischmärkten angeboten. Reichlich sind auch die Rezepte dafür, die Sie, lieber Leser, in diesem Buch finden.

Kleine Fischdelikatessen

Fischerfrühstück

Zutaten für 4 Personen

750 g Kartoffeln
150 g durchwachsener Speck
Salz
270 g Nordseekrabben aus der Dose
(oder Grönlandkrabben)
2 Gewürzgurken
4 Eier
weißer Pfeffer
1 Bund Schnittlauch

Kartoffeln waschen, sauber bürsten. Im Topf mit kaltem Wasser aufstellen und vom Kochen an in 20 Minuten fast garen. Abgießen. Mit kaltem Wasser abschrecken. Abziehen und auskühlen lassen.
Kartoffeln in Scheiben, Speck in Würfel schneiden. Speck in einer großen Pfanne glasig werden lassen. Kartoffeln dazugeben, salzen und in 15 Minuten rundherum knusprig braun braten. Abgetropfte Krabben und gewürfelte Gewürzgurken reinmischen. Aufgeschlagene Eier auf die an der Oberfläche möglichst ebene Kartoffelmasse gleiten lassen. Eiweiß salzen und pfeffern. In 10 Minuten stocken lassen. Den Schnittlauch gut waschen, trocknen, kleinschneiden. Gericht damit überstreuen und in der Pfanne servieren.
Beilagen: Knusprig durchgebackenes Bauernbrot und eine große Kanne Tee.

Helgoländer Frühstück

Nicht eigentlich ein Frühstück, eher ein delikates Vorgericht ist das Helgoländer Frühstück. Es kann sogar für sparsame Esser ein Hauptgericht sein. In dem Fall können Sie Kartoffelkroketten und Kopfsalat dazu reichen.

Zutaten für 4 Personen

750 g Schellfisch (am Stück)
Saft einer halben Zitrone
$^1/_2$ l Wasser
Salz
20 g Butter
20 g Mehl
geriebene Muskatnuß
1 Teelöffel Zitronensaft
1 Packung tiefgekühlte Erbsen (300 g)
30 g Butter
$^1/_2$ Bund Petersilie
1 Dose Hummerfleisch (200 g)
75 g Krebsbutter (fertig gekauft)

Schellfisch unter kaltem Wasser abspülen. Mit Haushaltspapier trockentupfen. Auf eine Platte legen. Innen und außen mit Zitronensaft beträufeln. 5 Minuten ziehen lassen.
Wasser aufkochen, salzen, Fisch reingeben und in 20 Minuten gar ziehen lassen (nicht kochen). Aus dem Topf nehmen.
Haut abziehen. Von den Gräten lösen. Zerpflücken und im Mixer oder mit dem Elektroquirl pürieren. Zugedeckt stehenlassen.
Butter im Topf erhitzen. Mehl unter Rühren reingeben. Milch aufgießen. 5 Minuten kochen. Salzen. Mit Muskatnuß und Zitronensaft abschmecken. Pürierten Fisch reinmischen, warm stellen.
Erbsen in einem anderen Topf mit $^1/_8$ l kochendem Wasser in 8 Minuten garen. Butter darin zergehen lassen, salzen und mit der gewaschenen, trockengetupften, gehackten Petersilie mischen.
Hummer mit dem Saft in einem Topf erhitzen.
Aus der Fischmasse auf einer vorgewärmten Platte einen Rand formen. Hummer abgießen und mit der Krebsbutter mischen. In die Mitte geben und die Erbsen rundherum anrichten.

Eingelegte Heringe

Zutaten für 4 Personen

8 Salzheringe
1/8 l Essig
1/8 l saure Sahne
1 Eßlöffel Zucker
1 Apfel
3 Lorbeerblätter
je 5 Pfeffer- und Pimentkörner
2 kleine Chilischoten
3 Zwiebeln
2 Gewürzgurken

Heringe über Nacht in kaltes Wasser legen, damit das überschüssige Salz ausziehen kann. Am nächsten Tag putzen (Kopf und Innereien entfernen). Waschen. Essig, saure Sahne und Zucker verrühren. Die Milchner (wenn vorhanden) durch ein Haarsieb streichen und dazugeben.
Apfel waschen, schälen und reiben. In die Marinade geben. Die Lorbeerblätter, Pfeffer- und Pimentkörner und Chilischoten auch. Zwiebeln schälen, in Streifen schneiden. In Streifen geschnittene Gurken auch in die Marinade geben. Geputzte Heringe in ein Glas, eine Porzellan- oder Steingutschüssel schichten. Eventuell vorhandenen Heringsrogen unter kaltem Wasser abspülen. Auch einschichten. Marinade drübergießen. Mit einem Deckel oder mit Alufolie verschließen. Mindestens 24 Stunden durchziehen lassen.
Beilagen: Bratkartoffeln, Pellkartoffeln mit Specksoße oder deftiges Bauernbrot.

Selbstverständlich können Sie die Heringe auch vor dem Einlegen häuten und entgräten. Das macht sie feiner und das Essen unproblematischer.

Matjes mit Krabben

Matjesfilets unter kaltem Wasser abspülen. (Wenn sie sehr salzig sind, 10 Minuten in Milch legen.) Mit Haushaltspapier trockentupfen. Auf einer Platte anrichten.
Für die Marinade Sahne und Joghurt in eine Schüssel geben. Sehr schaumig schlagen. Mit Zitronensaft, Zucker und Pfeffer pikant würzen. Zwiebel und Ei schälen. Beides fein hacken. Dill unter kaltem Wasser abspülen. Mit Haushaltspapier trockentupfen. Auch fein hacken. Alles reingeben und verrühren.
Krabben auf einem Sieb abtropfen lassen. (Einige zur Garnierung zurücklassen.) Die anderen locker unter die Marinade heben. Über die Matjesfilets verteilen.
Für die Garnierung Gewürzgurke und das geschälte Ei in Scheiben schneiden. Rund um die Heringsfilets legen. Zurückgelassene Krabben drüberstreuen.

Zutaten für 4 Personen

4 Matjesfilets
eventuell 1/4 l Milch
Für die Marinade:
1/4 l Sahne
1 Becher Joghurt
Saft einer Zitrone
Zucker
weißer Pfeffer
1 kleine Zwiebel
1 hartgekochtes Ei
1/2 Bund Dill oder
1 Teelöffel getrockneter Dill
150 g Nordsee-Krabben
aus der Dose
Für die Garnierung:
1 Gewürzgurke
1 hartgekochtes Ei

Hamburger Heringssalat

Zutaten für 6 bis 8 Personen

6 Matjesfilets (300 g)
1/8 l Milch
1/4 l Wasser
250 g Kalbfleisch
250 g mageres Schweinefleisch
Salz
40 g Margarine
1/4 l heißes Wasser
250 g Kartoffeln
250 g Rote Bete
1/2 Sellerieknolle (250 g)
3 saure Äpfel (300 g)
5 hartgekochte Eier
4 Bismarckheringe (400 g)
4 Gewürzgurken
1 Röhrchen Kapern
2 Bund Petersilie
Für die Marinade:
8 Eßlöffel Bratensaft
4 Eßlöffel Essig
8 Eßlöffel Öl
1 Eßlöffel scharfer Senf
Salz
weißer Pfeffer
Zucker

Für viele Hamburger Familien sind Weihnachten und die Tage bis zu Silvester ohne Heringssalat gar nicht denkbar. Dann wird die angegebene Menge aber verdoppelt. Denn gerade um die Weihnachtszeit, wenn man sich tagsüber mit Süßigkeiten vollstopft, hat man am Abend den richtigen Appetit für diesen herzhaften Salat. Aber nicht nur dann. Er ist auch genau richtig für eine feucht-fröhliche Party – und für den Morgen danach.

Matjesfilets unter fließendem Wasser abspülen. In Milch und Wasser in einer Schüssel über Nacht stehenlassen.
Kalb- und Schweinefleisch abspülen, mit Haushaltspapier trockentupfen. Leicht salzen. Margarine in einem Topf erhitzen, Fleisch darin rundherum 10 Minuten anbraten. Mit heißem Wasser aufgießen. 45 Minuten schmoren. Abkühlen lassen. Bratensaft aufheben.
Kartoffeln, Rote Bete und Sellerieknolle waschen. Getrennt gar kochen. Das dauert etwa 30 Minuten. Dann schälen. Äpfel schälen, vierteln, Kerngehäuse rausschneiden. Eier auch schälen. Bismarckheringe häuten. Matjesfilets abtropfen lassen, mit Haushaltspapier trockentupfen.
Fleisch, Matjesfilets, Bismarckheringe, Kartoffeln, Rote Bete, Sellerie, Äpfel, Eier und Gewürzgurken in 1/2 cm große Würfel schneiden.
Abgetropfte Kapern hacken. Petersilie waschen, trockentupfen, hacken. Alles in einer Steingutschüssel miteinander mischen.

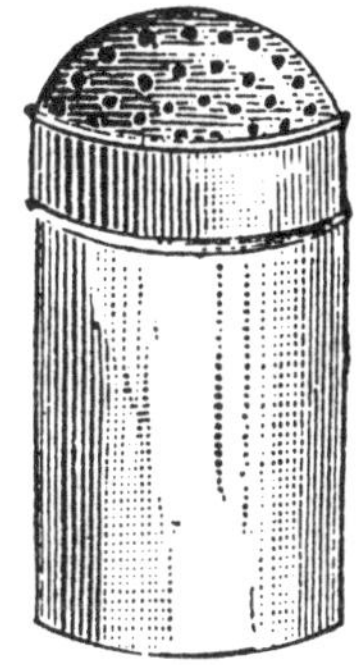

Für die Marinade Bratensaft, Essig, Öl und Senf verrühren. Mit Salz, Pfeffer und Zucker abschmecken. Über den Salat gießen. An einer kühlen Stelle mindestens 5 Stunden ziehen lassen. Umrühren, nach Geschmack nachwürzen.

Garnierter Fischsalat

Zutaten für 4 Personen

400 g Kabeljaufilet
20 g Margarine
1/8 l heißes Wasser
4 hartgekochte Eier
2 Gewürzgurken
1 Röhrchen Kapern
Für die Marinade:
2 Eßlöffel Mayonnaise
2 Eßlöffel saure Sahne
2 Teelöffel Zitronensaft
1 Teelöffel scharfer Senf
Salz
weißer Pfeffer
Zum Garnieren:
1 hartgekochtes Ei
4 Scheiben Rote Bete aus der Dose

Fischfilet mit Haushaltspapier abtupfen. Margarine in einem Topf erhitzen. Fischfilet reingeben, Wasser dazugießen. Aufkochen. Topf zudecken. Fisch 10 Minuten dünsten.
In der Zwischenzeit Eier schälen und in Scheiben schneiden. Die Gurken auch schälen und schneiden. Kapern abgießen (Wasser aufheben) und grob hacken.
Fischfilet abtropfen und abkühlen lassen.
Für die Marinade Kapernwasser, Mayonnaise, saure Sahne und Zitronensaft mit Senf, Salz und Pfeffer in einer Schüssel verrühren. Fischfilet in dünne Scheiben teilen. Mit Eiern, Gurken und Kapern in einer Schüssel mischen. In vier Cocktailgläser verteilen, darüber die Marinade geben. 30 Minuten in den Kühlschrank stellen.
Zum Garnieren Ei schälen und achteln. Rote Bete auf einem Sieb abtropfen lassen und grob hacken. Jedes Glas vor dem Servieren damit garnieren.
Beilage: Kümmelbrot oder Rundstück. Als Getränk Bier. Zum Abschluß einen Korn.

Pikante Heringshappen

Zutaten für 4 Personen

4 Matjesheringe
4 kleine Zwiebeln
2 Essiggurken
1/8 l Essig
1/8 l Wasser
einige Pfefferkörner
1 Lorbeerblatt
125 g saure Sahne
1/2 Teelöffel Senf
1 Eßlöffel gehackter Dill

Die Matjesheringe waschen. Die Heringsfilets von den Gräten lösen, die Haut abziehen und die Filets in Streifen schneiden. Die geschälten Zwiebeln und die Essiggurken in Scheiben schneiden.
Heringsfilets, Zwiebelscheiben und Essiggurken schichtweise in einen Steintopf oder ein Glasgefäß geben. Den Essig mit Wasser, Pfefferkörnern und Lorbeerblatt aufkochen lassen und nach dem Erkalten über die Heringe gießen. 2 Tage stehen lassen.
Die Sahne mit 2 Eßlöffeln der Marinade, Senf und Dill verrühren. Die Heringe auf einem Sieb abtropfen lassen und mit der Sahnesoße überziehen. Beilagen: Pellkartoffeln.

Die Heringshappen kann man auch mit den wesentlich billigeren Salzheringen zubereiten. Salzheringe müssen allerdings vor der Zubereitung gewässert werden.

Räucherfischsalat

Schillerlocken in Stückchen schneiden, die anderen Räucherfische von Haut und Gräten befreien und in nicht zu kleine Stückchen zerpflücken.
Die abgezogenen Pellkartoffeln in größere Würfel, die geschälte Zwiebel in kleine Würfel und die Gewürzgurke in Streifen schneiden. Die Äpfel schälen, vierteln, entkernen und in Würfel schneiden. Die entkernte Paprikaschote ebenfalls in feine Streifen schneiden, evtl. ganz kurz in kochendem Wasser blanchieren.
Alle vorbereiteten Salatzutaten, bis auf den Fisch, in einer Schüssel miteinander vermischen, leicht salzen und mit dem Essig übergossen 1 Stunde marinieren lassen.
Für die Marinade Essig, Senf, Salz und Pfeffer verrühren, bis sich das Salz aufgelöst hat. Nach und nach unter Rühren mit einem Schneebesen das Öl und die Sahne hinzufügen.
Den Salat vorsichtig mit dem Räucherfisch und dem Dill vermischen. Die Marinade darübergießen, locker unterheben und den Salat noch einmal kurz durchziehen lassen. Auf einer Platte in einem Kranz von streifig geschnittenem Endiviensalat anrichten.
Beilage: Stangenweißbrot.

Zutaten für 4 Personen

---

400 g Räucherfisch
(z.B. Schillerlocken, Heilbutt, Pfeffermakrele, Räucherforelle)
300 g Pellkartoffeln
1 kleine Zwiebel
1 Gewürzgurke
2 aromatische Äpfel
1 rote Paprikaschote
Salz
3 Eßlöffel Weinessig
3 Eßlöffel gehackter Dill
1/2 Kopf Endiviensalat
als Garnitur
Für die Marinade:
2 Eßlöffel Weinessig
2 Teelöffel scharfer Senf
Salz
schwarzer Pfeffer
2 Eßlöffel Traubenkernöl
6 Eßlöffel Sahne

Hanseatischer Krabbentoast

Zutaten für 4 Personen

Für die Garnierung:
1 kleiner Kopf Salat
Saft einer Zitrone
4 Tomaten
2 hartgekochte Eier
Für den Toast:
80 g Butter
1 Zwiebel
350 g Nordsee-Krabben aus der Dose
2 Eier
Salz
Paprika edelsüß
1/2 Bund Schnittlauch
4 Weißbrotscheiben (80 g)

Hamburg ist Deutschlands Krabbenumschlagplatz Nr. 1. Wen wundert es, daß man in der Hansestadt die besten Krabbengerichte serviert. Dieser Krabbentoast ist besonders lecker und läßt sich in Minutenschnelle zubereiten.

Salat zerpflücken. Blätter unter kaltem Wasser abspülen. Auf einem Sieb abtropfen lassen oder in einem sauberen Geschirrtuch trockenschwenken. Blätter rosettenartig auf vier Teller schichten. Mit Zitronensaft beträufeln. Tomaten mit heißem Wasser überbrühen, häuten und Stengelansätze rausschneiden. Tomaten in Scheiben schneiden. An den Rand der Salatblätter legen. Hartgekochte Eier schälen und in Achtel schneiden. Beiseite legen. Die Hälfte der Butter in einer Pfanne erhitzen. Zwiebel schälen und fein hacken. In etwa 5 Minuten bei geringer Hitze glasig braten. Die abgetropften Krabben in die Pfanne geben. Eier in einer kleinen Schüssel verquirlen. Mit Salz und Paprika gut würzen. Schnittlauch unter kaltem Wasser abspülen. Mit Haushaltspapier trockentupfen und fein schneiden. In die verquirlten Eier geben. Über die Krabben gießen und stocken lassen. Hin und wieder umrühren. Das dauert etwa 5 Minuten. Weißbrotscheiben im Toaster rösten. Mit der restlichen Butter bestreichen. Auf die Salatblätter legen. Pfanne vom Herd nehmen. Das Krabben-Rührei auf die Toastscheiben häufen. Eiachtel an den Toastrand legen. Sofort servieren.

Aal in Aspik

Aal in Aspik eignet sich besonders gut für ein kaltes Büffet oder als kleines Abendessen.

Aal ausnehmen und säubern. Nicht abziehen. In gleichmäßige Stücke schneiden. Leicht salzen. Wasser und Essig aufkochen. Mit Pfeffer, Lorbeerblatt, Wacholderbeeren und Pfefferkörnern würzen. Geputzte Möhre mit dem Buntmesser in Scheiben schneiden. Reingeben. Den Madeira auch. Aalstücke darin 25 Minuten ziehen lassen. Stücke rausnehmen. Abkühlen lassen.
Inzwischen eine Kranzform mit Möhren-, Eier-, Tomaten- und Gurkenscheiben auslegen. Fischsud mit Gelatine dicken. Davon einen Spiegel (das heißt die erste Schicht) über die Scheiben gießen. Leicht andicken lassen. Dann die Schüssel mit den Aalstücken füllen, obendrauf noch restliche Gemüse- und Eierstücke garnieren. Restliche Gelatine darüber verteilen. Im Kühlschrank kalt werden lassen. Zum Servieren auf eine Platte stürzen und mit Petersiliensträußchen garnieren.

Zutaten für 4 Personen

1 kg Aal
Salz
1/2 l Wasser
1/2 l Tasse Essig
Pfeffer
1 Lorbeerblatt
6 Wacholderbeeren
5 Pfefferkörner
1 große Möhre
1 Glas Madeira
8 Blatt weiße Gelatine
3 hartgekochte Eier
2 Tomaten
2 Gewürzgurken
1 Bund Petersilie

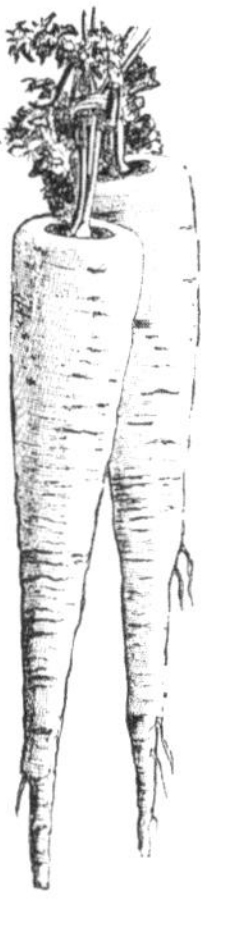

Herzhafte und süße Suppen

Vierländer Gemüsesuppe

Zutaten für 4–6 Personen

500 g Suppenknochen
750 g Rinderbeinfleisch (in dicken Scheiben)
1 Bund Suppengrün
2 Zwiebeln
Salz
1 Stange Porree
1/2 kleine Sellerieknolle
4 junge Möhren
1 Kohlrabi
1/2 Blumenkohl
250 g grüne Bohnen
250 g frische oder tiefgekühlte Erbsen
2 Tomaten
100 g durchwachsener Speck
schwarzer Pfeffer
1 Bund Petersilie, fein gehackt

Die Knochen und Beinscheiben waschen und in einen großen Suppentopf legen. Das Suppengrün putzen, kleinschneiden und hinzufügen. Eine Zwiebel mit der Schale auf der Herdplatte dunkelbraun braten und ebenfalls in den Topf geben. Das Fleisch mit 2 l Wasser bedeckt zum Kochen bringen. Den beim Kochen entstehenden Schaum abschöpfen. Wenn sich kein Schaum mehr bildet, die Suppe salzen. Einen Deckel so auf den Topf legen, daß ein kleiner Spalt offen bleibt. Die Suppe bei milder Hitze 1 1/2 Stunden kochen lassen, dann durch ein Sieb gießen.

Inzwischen die andere Zwiebel schälen und in Würfel schneiden, den Porree in feine Ringe schneiden, Sellerie, Möhren und Kohlrabi schälen und in Würfel oder Streifen schneiden. Den Blumenkohl in kleine Röschen zerteilen. Die Bohnen in kleinere Stücke brechen und frische Erbsen auspalen. Die Tomaten überbrühen, häuten und in Stückchen schneiden, dabei den Stielansatz entfernen.

Den Speck in Würfel schneiden und in einem Schmortopf glasig braten. Die Zwiebelwürfel hinzufügen und kurz mitdünsten. Alles Gemüse, bis auf die Tomaten, in den Topf schütten. Kurz durchschmoren und mit der Fleischbrühe aufgießen. Bei schwacher Hitze 20–30 Minuten kochen lassen. Das Gemüse soll gar sein, aber noch Biß haben. Das gekochte Beinfleisch in Würfel schneiden und mit den Tomaten in die Suppe geben. Kurz durchkochen lassen. Mit Salz und Pfeffer würzen und mit der Petersilie bestreut servieren.

Kartoffelsuppe mit Krabben

Das Hühnerklein waschen, das Suppengrün putzen und kleinschneiden. Beides in einen Topf geben, mit dem Wasser aufgießen, salzen und zum Kochen bringen. Eine Stunde kochen lassen. Die erhaltene Hühnerbrühe durch ein Sieb gießen und wieder in den Topf geben.
Die Kartoffeln schälen, in Würfel schneiden und in die Brühe geben. In 25 Minuten gar kochen. Die Suppe durch ein Sieb streichen oder mit dem Stabmixer pürieren. Aufkochen lassen, dann vom Herd nehmen und mit dem Eigelb legieren.
Die Butter in einer kleinen Pfanne erhitzen und den Ingwer kurz darin andünsten. Mit der Sahne aufgießen und durchkochen lassen. Die Krabben in der Sahne nur erwärmen, aber nicht kochen lassen.
Die Suppe in Suppentassen füllen, jeweils 2 Eßlöffel Krabbensahne in die Mitte geben und mit Dill und Petersilie bestreuen.

Zutaten für 4 Personen

1 Portion (250 g) Hühnerklein (Flügel, Hals, Magen, Herz)
1 Bund Suppengrün
$1^1/_2$ l Wasser
Salz
500 g Kartoffeln
2 Eigelb
1 Eßlöffel Butter
1 knapper Eßlöffel frische, feingehackte Ingwerwurzel
4 Eßlöffel Sahne
100–150 g ausgelöste Nordseekrabben
gehackter Dill oder Petersilie zum Bestreuen

Holsteiner Saure Suppe

Zutaten für 4 Personen

1 Knochen vom Katenschinken (möglichst mit Schinkenresten daran)
200 g Backobst (Pflaumen, Birnen, Apfelringe)
3 Möhren
1 Stange Porree
150 g Sellerieknolle
1 Petersilienwurzel
gerebeltes Liebstöckel
100 g gekochte Erbsen (frisch oder tiefgekühlt)
4–5 Eßlöffel Weinessig
etwas Zucker
Salz
Kerbel oder Petersilie zum Bestreuen

Den Schinkenknochen ca. 3 Stunden in lauwarmes Wasser legen. Dann mit dem Einweichwasser in einen Topf geben und ca. 1 1/2 Stunden kochen.
Das Backobst 1/2 Stunde mit Wasser bedeckt einweichen. Inzwischen Möhren, Porree, Sellerie und Petersilienwurzel putzen bzw. schälen und in grobe Würfel teilen. Den Schinkenknochen aus der Brühe nehmen und das Gemüse sowie das abgetropfte Backobst darin 10 Minuten kochen. Ebentuell vorhandene Schinkenreste vom Knochen ablösen und würfelig schneiden. Fleisch, Liebstöckel und gegarte Erbsen in die Suppe geben und alles nochmals kurz aufkochen lassen. Die Suppe mit Essig, Zucker und Salz je nach Geschmack würzen. Dann in eine große Terrine füllen und mit Kerbelblättchen oder Petersilie bestreut auftragen.
Beilage: Zur Sauren Suppe passen am besten Mehlklüten (Rezept Seite 70)

Krabbensuppe

Krabben nach Vorschrift auftauen lassen. Paprikaschote halbieren, putzen, waschen, abtrocknen und in ganz dünne Streifen schneiden. Margarine in einem Topf erhitzen. Paprikastreifen darin in 3 Minuten anbraten. Mehl drüberstäuben. Fleischbrühe unter Rühren angießen und 5 Minuten kochen lassen. Milch und Weißwein zugeben. Tomatenmark reinrühren. Krabben reingeben und die Suppe bis kurz vorm Kochen erhitzen. Salzen und pfeffern.
Den Schnittlauch abspülen, trockentupfen und fein schneiden. Suppe in eine vorgewärmte Terrine füllen und mit Schnittlauch bestreut servieren.

Zutaten für 4 Personen

200 g tiefgekühlte Nordsee-Krabben
1 grüne Paprikaschote
30 g Margarine
30 g Mehl
1/2 l heiße Fleischbrühe
1/4 l heiße Milch
1/4 l Weißwein
2 Eßlöffel Tomatenmark
Salz
weißer Pfeffer
1 Bund Schnittlauch

Aalsuppe Altenwerder

Kartoffeln schälen und würfeln. Aal (oder Aale) waschen, abtrocknen und in Stücke schneiden. Mit Zitronensaft beträufeln. Leicht salzen.
Kartoffeln, geputztes, zerkleinertes Suppengrün, in dünne Scheiben geschnittene Zwiebel, Gewürzkörner, Lorbeerblatt und Brühwürfel 10 Minuten kochen lassen. Aalstücke reingeben. Gut 20 Minuten sieden. Mit Essig und Senf würzen.
Man kann gehackte Petersilie darübergeben. Mit brauner Butter begießen.
Beilagen: Bauernbrot, als Getränk Bier und ein Aquavit.

Zutaten für 4 Personen

1 kg Kartoffeln
1 kg küchenfertiger, gehäuteter Aal (oder fingerdicke Suppenaale)
Saft einer halben Zitrone
Salz
1 Bund Suppengrün
1 Zwiebel, 3 Gewürzkörner
1 Lorbeerblatt
1 Brühwürfel
Essig, Senf
eventuell 1 Bund Petersilie
1 Eßlöffel Butter

Hamburger Aalsuppe

Zutaten für 6 Personen

150 g Backpflaumen
150 g getrocknete Apfelringe
3/4 l Wasser
1 großer Schinkenknochen (750 g)
1 1/2 l Wasser
2 Möhren
1/2 Sellerieknolle
1 Stange Lauch
1 Petersilienwurzel
1/2 Bund Petersilie
100 g Tiefkühlerbsen
je 1 Teelöffel Thymian, Salbei und Basilikum
750 g frischer Aal
Salz
1/2 l Wasser
1/4 l Weißweinessig
2 Schalotten
Pfefferkörner
2 Nelken
1/4 l Weißwein
Schale einer Zitrone
2 Eßlöffel Zucker
40 g Butter
1 Eßlöffel Mehl
Für die Schwemmklößchen:
1/4 l Milch
Salz
25 g Butter
125 g Mehl
2 Eier
geriebene Muskatnuß

Hamburger Aalsuppe ist ein besonderer Genuß. Und einer für Kenner und Feinschmecker. Denn hier ist pikant und süß plus geräuchert auf abgerundete Weise miteinander verbunden. Natürlich gibt es hier, wie bei vielen Landesgerichten, unterschiedliche Rezepte. Klar, daß jede Hamburgerin auf ihres schwört. Dieses Rezept ist eines der typischen.

Backpflaumen und Apfelringe über Nacht in 3/4 l Wasser einweichen.
Am nächsten Tag 3 Töpfe bereitstellen. Im ersten Topf den Schinkenknochen in 1 1/2 l kochendes Wasser geben. Bei mittlerer Hitze 2 Stunden sieden lassen.
Indessen Möhren, Sellerie, Lauch und Petersilienwurzel putzen. Fein schneiden. Petersilie waschen, hacken. Mit dem Gemüse (Erbsen unaufgetaut), Thymian, Salbei und Basilikum nach 1 1/2 Stunden zum Schinkenknochen geben. Noch 20 Minuten kochen. Schinkenknochen rausnehmen.
Der zweite Topf ist für den Aal. Aal abziehen, Flossen abschneiden, ausnehmen, waschen, trockentupfen und in 3 cm große Stücke schneiden. (Einfacher ist es, wenn Sie diese Arbeit Ihrem Fischhändler überlassen.) Salzen.
1/2 l Wasser mit dem Weinessig, den geschälten Schalotten, Pfefferkörnern und Nelken im Topf aufkochen. Aal 20 Minuten darin ziehen lassen.
Im dritten Topf Weißwein, Zitronenschale und Zucker aufkochen. Das eingeweichte, abgetropfte

Obst darin bei mittlerer Hitze 20 Minuten kochen. Zitronenschale rausnehmen.
Butter und Mehl verkneten. Kloß unter Rühren in die heiße Schinkenbrühe geben. 5 Minuten kochen.
Für die Schwemmklößchen Milch, Salz und Butter in einem Topf (dem vierten!) aufkochen. Mehl unter Rühren reinschütten. Weiterrühren, bis sich ein Kloß bildet, der sich vom Topfboden löst. In die heiße Masse ein Ei rühren. Vom Herd nehmen. Mit Muskatnuß würzen. Dann das zweite Ei einrühren. Mit einem Teelöffel kleine Klößchen abstechen und 10 Minuten in der Schinkenbrühe ziehen lassen.
Jetzt geht's ans Anrichten. Alles kommt in eine Terrine. Zuerst das Obst mit dem Saft, darauf die Schinkenbrühe mit den Schwemmklößchen und zum Schluß die aus dem Wasser gehobenen Aalstücke. Heiß servieren.
Beilage: Bauernbrot.

Statt Schwemmklößchen kochen viele Mehlklöße (Klüten) aus Mehl, Salz, heißem Wasser und Schmalz in der Aalsuppe.

Hamburger Muschelsuppe

Zutaten für 4 Personen

2 kg Miesmuscheln
Saft einer Zitrone
1/4 l Weißwein
Salz
125 g Bauchspeck
3 große Zwiebeln
2 Tomaten
2 Bund Petersilie
1/4 Sellerieknolle
1 Zweig frischer oder
1 Messerspitze getrockneter Thymian
1/2 Lorbeerblatt
1/2 l heiße Fleischbrühe
50 g Butter
2 Eßlöffel Mehl
1/4 l Sahne
Paprika rosenscharf

Muscheln unter kaltem Wasser kräftig bürsten. Geschlossene Muscheln (geöffnete aussortieren) in einen hohen Topf geben. Zitronensaft und Weißwein dazugießen. Salzen. Aufkochen. Dabei öffnen sich die Muscheln, die man noch 10 Minuten kocht. Muscheln rausnehmen. Brühe aufheben. Muschelfleisch aus den Schalen lösen. Mit einer leeren Muschelschale die Bärte (dunkle Streifen) greifen und abziehen. Muschelfleisch warm stellen.

Bauchspeck und die geschälten Zwiebeln würfeln. Tomaten mit kochendheißem Wasser übergießen. Haut abziehen. Stengelansätze rausschneiden. Petersilie waschen. Mit Haushaltspapier trockentupfen und fein hacken. Sellerie schälen, waschen, trockentupfen und in feine Streifchen schneiden. Bauchspeck in einem Topf auslassen. Zwiebelwürfel 10 Minuten darin rösten. Tomaten, Petersilie und Selleriestreifen dazugeben. Thymian und das Lorbeerblatt zufügen. Heiße Muschel- und Fleischbrühe zugießen. 30 Minuten leise kochen lassen. Durch ein Sieb passieren. Wieder zum Kochen bringen.

In der Zwischenzeit Butter und Mehl verkneten. Unter Rühren in die Suppe geben. 5 Minuten kochen lassen. Hin und wieder umrühren, damit sie nicht anbrennt. Topf von der Kochstelle nehmen. Sahne einrühren und das Muschelfleisch wieder reingeben. Mit Paprika (eventuell auch mit Salz) abschmecken.

Büsumer Fischsuppe

In Büsum kocht man eine Fischsuppe, die Ihnen ganz bestimmt schmecken wird. Man macht sie so:

Zutaten für 4 Personen

250 g Heilbuttfilet
250 g Heringsrogen
Saft einer halben Zitrone
$1^1/_4$ l heiße Fleischbrühe
Salz
4 Zwiebeln
1 Lorbeerblatt
2 Petersilienwurzeln
3 Gewürzgurken
$^1/_2$ Sellerieknolle
1 Glas Weißwein
1 Teelöffel geriebener Meerrettich (tafelfertig)
1 Sträußchen Dill

Heilbuttfilet unter kaltem Wasser abspülen. Mit Haushaltspapier oder einem Küchentuch trockentupfen. Rogen auch waschen und trocknen. Beides mit Zitronensaft beträufeln. 5 Minuten ziehen lassen.
Fleischbrühe in einem großen Topf erhitzen. Salz, geschälte, in Scheiben geschnittene Zwiebeln und Lorbeerblatt dazugeben. Aufkochen und Heilbuttfilet reingeben. Hitze reduzieren. Fisch 10 Minuten gar ziehen lassen. Mit dem Schaumlöffel aus der Brühe heben und beiseite stellen. Inzwischen die Petersilienwurzeln schälen und fein reiben. Gewürzgurken und Sellerie schälen. In dünne Streifen schneiden.
Diese Zutaten in die Suppe geben und sie darin gut 5 Minuten ziehen, nicht kochen lassen. Weißwein angießen. Geriebenen Meerrettich reinrühren. Fisch vorsichtig zerpflücken und in die Suppe geben. Noch mal kurz erhitzen.
Mit Dill bestreut servieren.
Wann reichen? Man kann die Fischsuppe aus Büsum natürlich als Suppe vorweg servieren, aber auch mit Stangenweißbrot als Delikatesse am Abend oder gar um Mitternacht.

Anstelle von Heilbutt können Sie auch Goldbarschfilet für dieses Rezept verwenden.

Störtebeker Suppe

Zutaten für 4 Personen

1 kg Miesmuscheln
Saft einer Zitrone
1/4 l Weißwein
Salz
3 Zwiebeln
1 Knoblauchzehe
1 Bund Suppengrün
4 Eßlöffel Öl
1 l heiße Fleischbrühe
je 1 Teelöffel Paprika rosenscharf und Curry
1 Messerspitze Safranfäden
1 kleine Dose Tomatenmark (70 g)
250 g tiefgekühle Krabben
750 g Fischfilet von verschiedenen Fischsorten (z. B. Seeaal, Rotzunge, Scholle)
Saft einer Zitrone
2 Eßlöffel Mehl
5 Eßlöffel Wasser
Salz
weißer Pfeffer

Eine herrliche Fischsuppe. Sie kann es mit viel bekannteren Fischsuppen aufnehmen. Ihren Namen hat sie von Klaus Störtebeker, dem Freibeuter, der im 14. Jahrhundert Elbe und Weser unsicher machte und den hansischen Handel ausbeutete, bis man ihn erwischte. 1402 wurde er auf dem Hamburger Markt hingerichtet. Wer auch immer dem fragwürdigen Helden diese Suppe gewidmet hat, er muß ein Feinschmecker gewesen sein. Lassen Sie sich überzeugen:

Muscheln unter kaltem Wasser gründlich abbürsten. Schwarze Fäden (Bysusfäden) dabei entfernen. Nur geschlossene Muscheln (geöffnete sind schlecht) in einen Topf geben. Zitronensaft und Weißwein zufügen. Salzen. Einmal aufkochen, dann 10 Minuten kochen lassen. Dabei öffnen sich die Muscheln. Mit einem Schaumlöffel aus dem Sud nehmen. Muschelfleisch aus den Schalen lösen. Mit einer leeren Muschelschale die Bärte (dunkle Streifen) greifen und abziehen. Muschelfleisch warm stellen. Zwiebeln und Knoblauchzehe schälen und fein hacken. Geputztes Suppengrün waschen, abtropfen lassen und auch fein hacken.
Öl in einem großen Topf erhitzen. Zwiebeln, Knoblauch und Suppengrün darin 5 Minuten anbraten.
Unter Rühren mit der Muschelbrühe auffüllen. Die Fleischbrühe aufgießen. Paprika, Curry, Safran und Tomatenmark zufügen. 15 Minuten kochen lassen. Krabben etwas antauen lassen.

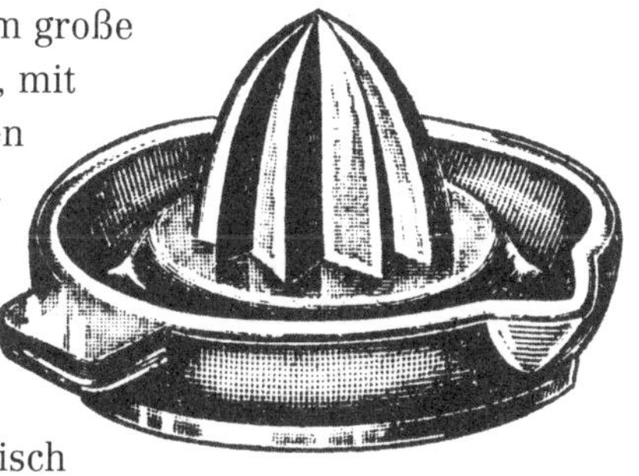

Fischfilet abspülen, trockentupfen. In 2 cm große Stücke schneiden. In eine Schüssel geben, mit Zitronensaft beträufeln, 10 Minuten ziehen lassen. Mit den Krabben und Muscheln in die Suppe geben. Noch 10 Minuten darin ziehen lassen.
Mehl mit Wasser in einem Becher glattrühren, damit die Suppe leicht binden.
2 Minuten köcheln lassen. Mit Salz und frisch gemahlenem Pfeffer abschmecken. In einer vorgewärmten Terrine servieren.
Wann reichen? Mit Schwemmklößchen als Mittagessen oder mit Vollkornbrot als Abendessen für 6 Personen.

Buttermilchsuppe mit Backobst

Backobst in etwas Wasser über Nacht einweichen. Am nächsten Tag im Einweichwasser 15 Minuten kochen. Buttermilch mit Speisestärke verrühren. Unter Rühren aufkochen. Salz und abgeriebene Zitronenschale dazugeben. 5 Minuten kochen lassen. Mit Zucker und Zitronensaft abschmecken.
Zum Schluß das abgetropfte Backobst in die Milchsuppe geben.

Zutaten für 4 Personen

150 g gemischtes Backobst
1 l Buttermilch
30 g Speisestärke
1 Prise Salz
abgeriebene Schale einer Zitrone
50 g Zucker
Saft einer halben Zitrone

Es ist hier wie bei allen süßen Suppen: Manche reichen sie vor dem Essen, manche als Dessert.

Fliederbeersuppe mit Grießklößchen

Zutaten für 4 Personen

1 kg Fliederbeeren (Holunderbeeren)
1 l Wasser
Schale einer halben Zitrone
1 Stückchen Zimtstange
2 säuerliche Äpfel
1 Prise Salz
125 g Zucker
20 g Speisestärke
Für die Grießklößchen:
1/4 l Milch
30 g Butter
1 Prise Salz
1 Eßlöffel Zucker
100 g Grieß
2 Eier

Flieder- oder Holunderbeeren (auch Holler- oder Holderbeeren genannt) kann man im Herbst, wenn der wild wachsende Holunderstrauch seine Fruchtdolden liefert, an jedem Gemüsestand rund um Hamburg kaufen. Einfacher noch: Die Fliederbeeren am nächsten Holunderstrauch pflücken. Und dann die Suppe daraus kochen. Sie schmeckt sehr gut. So macht man sie:

Fliederbeeren waschen, Früchte (sie sind kugelig, blauschwarz und etwa 6 mm groß) von den Dolden zupfen. In 1 l kochendes Wasser geben. Dazu Zitronenschale und Zimtstange. Garzeit 10 Minuten. Durch ein Sieb gießen. Gewonnenen Saft im Topf mit den geschälten, entkernten, in Schnitze geschnittenen Äpfeln, der Prise Salz und dem Zucker aufkochen. Speisestärke mit kaltem Wasser anrühren. Die Suppe damit binden. Warm halten.
Für die Grießklößchen die Milch mit Butter, Salz und Zucker aufkochen. Grieß reinrieseln lassen. Unter Rühren zu einem dicken Kloß kochen. Das dauert etwa 5 Minuten. Dann die Eier reinrühren. Von dieser Masse mit unter kaltem Wasser angefeuchteten Händen kleine Klößchen rollen. Man kann sie aber auch mit einem angefeuchteten Teelöffel abstechen. In die Suppe gleiten lassen. In 10 Minuten gar ziehen (nicht kochen!) lassen. Wann reichen? Als Vorsuppe oder als warmen Nachtisch.

Braunbiersuppe

Zutaten für 4 Personen

4 Scheiben Schwarzbrot
1 Stück Zimtstange
Schale einer Zitrone
2 Flaschen Braunbier oder Malzbier
50 g Zucker
1 Prise Salz
1/8 l Sahne

Schwarzbrot am Tag vorher in Wasser einweichen. Am nächsten Tag mit dem Einweichwasser, Zimt und Zitronenschale 15 Minuten kochen. Durch ein Sieb geben. Mit Bier und Zucker mischen. Nochmal aufkochen. Mit Salz würzen. Abschmecken.
Sahne nur leicht schlagen, so daß sie noch flüssig ist. Suppe in Portionen teilen. Sahne darauf verteilen.
Wann reichen? Man kann diese Suppe vor dem Essen oder als Nachtisch servieren.

Anstelle der Sahne können Sie kleine Schneeklößchen (aus 2 Eiweiß, 1 Eßlöffel Zucker und einer Prise Salz) auf die Suppe geben.

Heidelbeersuppe

Zutaten für 4 Personen

300 g frische oder tiefgekühlte (1 Packung) Heidelbeeren
1/2 l Wasser
1/2 l Weißwein
100 g Zucker
Saft einer Zitrone
2 Teelöffel Speisestärke
Für die Garnierung:
1/8 l Sahne
1/2 Päckchen Vanillinzucker

Die Heidelbeeren in einer Schüssel mit kaltem Wasser waschen, entstielen, Blätter entfernen und auf einem Sieb abtropfen lassen. Tiefgekühlte nach Vorschrift auftauen.
Wasser, Weißwein mit Heidelbeeren, Zucker und Zitronensaft in einem Topf bei mittlerer Hitze 4 Minuten kochen lassen. Speisestärke mit etwas kaltem Wasser verrühren. Die Suppe damit binden. Einmal aufkochen, dann abkühlen lassen. Ab und zu umrühren, damit sich keine Haut bildet. Fast erkaltet in Suppentassen gießen. Sahne steif schlagen. Vanillinzucker nach und nach zugeben. Die Heidelbeersuppe mit einem Sahnetuff garnieren.
Wann reichen? Als Dessert nach einem würzigen Hauptgericht, aber auch als Vorsuppe geeignet. Kinder lieben sie im Sommer als Abendessen mit Schwarzbrot und Butter.

Kirschsuppe mit Schneeklößchen

Diese Fruchtsuppe können Sie warm als Nachspeise oder auch als Kaltschale vor dem Essen servieren.

Erdbeer- oder Kirschsaft mit Wasser, Salz und Zimtstange in einen Topf geben und 10 Minuten kochen. Speisestärke mit kaltem Wasser anrühren. Suppe damit binden. Nach Geschmack süßen.

Eiweiß mit Vanillinzucker und Zucker in einem Topf zu ganz steifem Schnee schlagen. Klößchen mit dem Teelöffel abstechen. Auf die Suppe geben. In 10 Minuten gar ziehen lassen.

Zutaten für 4 Personen

1/2 l Kirschsaft
1/2 l Wasser
1 Prise Salz
1 Stück (5 cm) Zimtstange
30 g Speisestärke
Zucker nach Geschmack
1 Eiweiß
1 Päckchen Vanillinzucker
3 Teelöffel Zucker (15 g)

Feine und deftige Fleisch-gerichte

Kluftsteak

Zutaten für 4 Personen

40 g Butter
1/2 Tube Sardellenpaste
4 Beefsteaks aus der gut abgehangenen Rinderkluft von je 200 g
4 Eßlöffel Öl
Salz
schwarzer Pfeffer
1 Stengel Petersilie
1 Tomate
4 auf Kapern gerollte Sardellen aus der Dose

Butter mit der Sardellenpaste verkneten, zur Rolle formen und in Pergamentpapier eingewickelt in den Kühlschrank stellen.
Beefsteaks mit Haushaltspapier abtupfen. Mit den Handflächen flachdrücken. Öl in einer großen Pfanne stark erhitzen. Beefsteaks darin erst auf beiden Seiten 1/2 Minuten scharf anbraten. Dann auf beiden Seiten noch je 3 Minuten braten. Dann sind sie innen rosa. Salzen und pfeffern.
Auf einer vorgewärmten Platte anrichten. Mit je einer Scheibe Sardellenbutter belegen. Etwas gewaschene, trockengetupfte Petersilie dazulegen. Tomate waschen, Stengelansatz raus- und in vier gleichmäßige Scheiben schneiden. Steak damit und mit Sardellenrollen garnieren.
Beilage: Aufgeschnittene Senfgurken und Bratkartoffel.

Hamburger Rundstück

Zutaten für 4 Personen

350 g heißer Schweinebraten im Stück
1/4 l Bratensoße
4 Rundstücke (oder runde Brötchen)
1 Gewürzgurke

Das Hamburger Rundstück, ein Imbiß, den die Hansestädter erfunden haben, hat seinen Namen von runden Brötchen. In und um Hamburg herum heißen sie Rundstücke. Sie schmecken übrigens auch anders als Brötchen. Garniert wird das Rundstück immer mit Gewürzgurken.

Semmeln halbieren, jede Hälfte mit einer heißen Bratenscheibe belegen und mit heißer Bratensoße überziehen. Dazu Bier und Köhm (Kümmelschnaps).

Rinderrouladen mit Räucherfisch-Füllung

So liebt man Rinderrouladen in den Hansestädten, denn dort gehört seit altersher konservierter Fisch in die feine Küche. Geräucherter Seelachs gibt dem Rouladenfleisch einen ganz besonderen Pfiff.

Zutaten für 4 Personen

4 Scheiben Rindfleisch aus der Keule von je 150 g
Salz
weißer Pfeffer
Paprika edelsüß
8 Scheiben Räucher-Seelachs aus der Dose
4 hartgekochte Eier
50 g Kokosfett
3/8 l heiße Fleischbrühe
2 Eßlöffel Mehl
1/8 l saure Sahne
2 Eßlöffel Cognac oder Weinbrand

Rouladen mit Haushaltspapier abtupfen und mit dem Handballen flachstreichen. Mit wenig Salz, Pfeffer und Paprika bestreuen. Seelachs abtropfen lassen. Je 2 Scheiben auf eine Roulade legen. Eier schälen und auf die Lachsscheiben legen. Rouladen zusammenrollen. Mit Metall- oder Holzstäbchen zusammenhalten.
Kokosfett in einem Topf erhitzen. Rouladen darin in 15 Minuten rundherum braun anbraten. Heiße Fleischbrühe angießen. Rouladen zugedeckt 80 Minuten schmoren lassen.
Rausnehmen und auf einer vorgewärmten Platte warm stellen.
Mehl mit Wasser in einer Tasse verquirlen. In den Bratfond rühren. Aufkochen und 5 Minuten kochen lassen. Saure Sahne und Cognac oder Weinbrand in die Soße rühren, eventuell mit Salz und Pfeffer nachwürzen. Noch mal kurz erhitzen. Soße in einer Sauciere getrennt servieren.
Beilagen: Salzkartoffeln und Gurken- oder Rote-Bete-Salat.

Holsteiner Filetsteak

Zutaten für 4 Personen

250 g Zwiebeln
4 Filetsteaks oder
4 Beefsteaks aus Kluft oder flachem Roastbeef (gut abgehangen)
3 Eßlöffel Öl
Salz
weißer Pfeffer
20 g Butter
1 Tasse heißes Wasser

Zwiebeln schälen und in Ringe schneiden. Beiseite stellen.
Filetsteaks oder Beefsteaks mit Haushaltspapier abtupfen. Öl in der Pfanne rauchheiß erhitzen. Fleisch darin auf beiden Seiten 1/2 Minute scharf anbraten, dann auf jeder Seite noch 3 Minuten, so daß es innen rosa ist. Salzen, pfeffern, auf einer vorgewärmten Platte anrichten, auf jedem Steak ein Stückchen Butter zergehen lassen und warm stellen.
Im Bratfond die Zwiebeln bräunen, salzen und pfeffern und das heiße Wasser angießen. Unter häufigem Rühren 15 Minuten dünsten. Mit Salz und Pfeffer abschmecken. Zwiebelsoße getrennt reichen.
Beilage: Salzkartoffeln oder Brötchen. Kein Salat, kein Gemüse. Die Holsteiner schwören, durch Beilagen käme die Zwiebelsoße nicht zur Geltung.

Pökelfleisch

Das Fleisch abspülen, in einen hohen Topf geben und mit Wasser bedecken. Einmal aufkochen, dann das Lorbeerblatt und die Nelken beifügen. Das Fleisch ca. 2 Stunden bei milder Hitze garen. Es soll nur leise sieden.
Inzwischen das Gemüse putzen und schälen. In den letzten 30 Minuten mit dem Fleisch mitgaren.
Die Rinderbrust aus der Brühe nehmen und in Scheiben geschnitten mit dem abgetropften Gemüse auf einer Platte anrichten.
Beilagen: Salz- oder Röstkartoffel und nach Belieben frisch geriebenen Meerrettich oder Preiselbeeren. Außerdem passen Senfgurken süßsauer und eingelegte Rote Bete.

Die Kochbrühe können Sie für deftige Suppen oder Eintöpfe verwenden. Man kann auch Klöße darin garen.

Zutaten für 4 Personen

750 g mild gepökelte Rinderbrust
1 Lorbeerblatt
3 Nelken
2 mittelgroße Zwiebeln
1/2 kleine Sellerieknolle
4 Möhren
1 Petersilienwurzel

Holsteinischer Katenschinken mit Frühlingsgemüse

Zutaten für 4 Personen

1 Bund junge Möhren (500 g)
500 g Stangenspargel
2 Kohlrabi mit Herzblättern (500 g)
750 g Erbsen in Schoten
50 g Butter
Salz
geriebene Muskatnuß
weißer Pfeffer
Zucker
1/2 l Wasser
15 g Mehl
1/2 Bund Kerbel
Saft einer halben Zitrone
250 g Katenschinken
1/4 Bund Petersilie

Katen, das sind die gemütlichen alten, strohgedeckten Bauernhäuser ohne Schornstein, wie man sie heute noch in Schleswig-Holstein findet. Unter dem luftigen Dach hängen die vorbereiteten Schinken etwa vier Monate. Der aufsteigende Rauch räuchert sie zart. Und sie bekommen ein nußartiges Aroma.

Möhren schaben und waschen. Spargel vom Kopf her dünn abschälen. Enden abschneiden. Kohlrabi waschen und schälen. In Spalten, die Herzblätter in Streifen schneiden. Erbsen enthülsen. 25 g Butter, Salz, Muskat, weißen Pfeffer, 1 Prise Zucker und 1/4 l Wasser in einen Topf geben. Aufkochen. Möhren, Erbsen und Kohlrabi (mit den Blättern) zugeben. Zugedeckt 15 Minuten dünsten. Spargel einmal durchschneiden. 1/4 l Wasser mit Salz und einer Prise Zucker aufkochen. Spargel darin 20 Minuten kochen.
Restliche Butter und Mehl mit einer Gabel mischen. Mehlbutter in Flocken unter das Gemüse mischen. Einmal aufkochen. Abgetropften Spargel zugeben. Gewaschenen, gehackten Kerbel untermischen. Mit Salz, Muskat und Zitronensaft abschmecken. Katenschinken auf vier Holztellern anrichten. Mit gewaschener, trockengetupfter Petersilie garnieren. Gemüse getrennt reichen.
Beilage: Neue, mit etwas Kümmel oder Dillsaat gekochte Kartoffeln.

Rinderzunge mit Kapernsoße

Die Rinderzunge kurz in kochendes Wasser geben. Nach 10 Minuten das Wasser abgießen.
Die Möhren, Sellerie und Porree putzen und kleinschneiden.
Die Rinderzunge mit der gespickten Zwiebel, Porree, Möhren, Sellerie, Thymian, den zerdrückten Pfefferkörnern und 1 l Wasser in einen Topf geben und erhitzen. Die Zunge $2^1/_2$–3 Stunden kochen.
Die Zunge aus dem Sud nehmen, kalt abspülen, schälen und in dünne Scheiben schneiden. Den Sud passieren.
Für die Soße das Eigelb und die Sahne mischen. Die Butter und das Mehl zu einer Mehlschwitze rühren. Mit dem Weißwein und der Brühe ablöschen. Bei schwacher Hitze zu einer glatten, weißen Soße kochen.
Nach einer halben Stunde das mit der Sahne verrührte Eigelb zur Soße zugeben. Bis kurz vors Kochen bringen, abschmecken und die Kapern darunterziehen.
Die in Scheiben geschnittene Rinderzunge mit der Soße überziehen und servieren.
Beilagen: Kartoffelpüree und Buttererbsen.

Den Garzustand der Zunge können Sie mit einer Nadel prüfen: Die Nadel dazu in die Zungenspitze stecken. Wenn sie sich ohne Mühe wieder herausziehen läßt, ist das Fleisch gar. Die Soße kann anstelle von Kapern auch mit Petersilie oder gemischten Kräutern gewürzt werden.

Zutaten für 4 Personen

---

1 gepökelte Rinderzunge
1 Zwiebel, gespickt mit
1 Lorbeerblatt und
1 Nelke
1 Stange Porree
2 Möhren
1 Stück Knollensellerie
1 Zweiglein Thymian
5 Pfefferkörner
Für die Soße:
1 Eigelb
100 g Sahne
50 g Butter
2 Eßlöffel Mehl
0,2 l Weißwein
0,3 l Zungenbrühe
1 Eßlöffel Kapern
Salz
Pfeffer aus der Mühle

Hanseatisches Hühnerfrikassee

Zutaten für 4 Personen

2 küchenfertige junge Hühnchen oder
4 Stubenküken (ca. 1,2 kg)
Salz
50 g dünne, breite Scheiben fetter Speck
50 g Butter
1/2 l heiße Fleischbrühe
500 g Miesmuscheln
1/2 l Wasser
Salz
Für die Soße:
40 g Butter oder Margarine
40 g Mehl
Saft einer halben Zitrone
je 100 g Erbsen, Champignons und Spargelspitzen
125 g Krebsschwänze (alles aus der Dose)
200 g saure Sahne

Dieses Hühnerfrikassee ist eine der ungewöhnlichsten Kombinationen: Hühnerfleisch, Miesmuscheln, Krebsschwänze und Gemüse werden verwendet.

Hühnchen oder Stubenküken unter kaltem Wasser innen und außen abspülen, trocknen. Innen und außen salzen. Mit Speck umwickeln.
Butter in einem Bräter oder Topf erhitzen. Hühnchen in 5 Minuten darin rundherum anbraten. Heiße Fleischbrühe zugießen. Zugedeckt in 50 Minuten gar dünsten. Nach 30 Minuten Speckscheiben entfernen. In der Zwischenzeit die Muscheln unter kaltem Wasser gründlich bürsten. Wasser mit Salz in einem Topf aufkochen. Muscheln reinigen. 5 Minuten kochen lassen. Mit einem Schaumlöffel rausnehmen. Muschelfleisch aus den Schalen lösen. Fertige Hühnchen aus dem Topf nehmen. Abtropfen lassen und warm stellen. Brühe durch ein Sieb in einen Topf gießen. Auch warm stellen.
Für die Soße Butter oder Margarine in einem Topf erhitzen. Mehl reinstreuen. Unter Rühren durchschwitzen lassen. Unter weiterem Rühren die durchgesiebte Hühnerbrühe zugießen. 5 Minuten kochen lassen. Mit Zitronensaft und eventuell noch Salz abschmecken. Erbsen, Champignons, Spargelspitzen, Muscheln und Krebsschwänze abtropfen lassen. In die Soße geben. Aufkochen lassen. Topf vom Herd nehmen. Saure Sahne einrühren. Über die unzerteilten Hühnchen gießen.
Mit Kopfsalat und Reis oder Kartoffelpüree servieren.

Hamburger Stubenküken

Hamburger Stubenküken werden in den fruchtbaren benachbarten Vierlanden mit Spezialfutter und in dunklen Ställen (den Stuben) gemästet. Sie wiegen zwischen 150 und 200 g. Man bekommt sie in Hamburg vor allem im zeitigen Frühjahr. So bereitet man das Gericht zu:

Zutaten für 4 Personen

8 bratfertige Stubenküken
(ca. 1,2 kg)
Salz
100 g Butter
1/8 l heißes Wasser
Champignons aus der Dose

Küken innen und außen mit Wasser abspülen. Mit Haushaltspapier trockentupfen. Innen und außen wenig salzen. Flügel mit einem Bindfaden an den Körper binden, also die Vögel dressieren.
Butter in einem großen, wenn möglich in einem Eisentopf erhitzen. Küken darin in 10 Minuten rundherum anbraten. Heißes Wasser angießen. Deckel drauflegen. Bei mittlerer Hitze 15 Minuten braten. Abgetropfte Champignons 5 Minuten vor Ende der Garzeit in den Topf geben.
Stubenküken aus dem Topf nehmen, auf einer vorgewärmten Platte anrichten. Mit Bratfond und Champignons übergießen.
Beilagen: Kopfsalat und neue, in Butter geschwenkte Kartoffeln.

Heidschnuckenbraten

Zutaten für 4 Personen

2 kg Heidschnuckenkeule
Salz
schwarzer Pfeffer
2 Zwiebeln
3 Möhren
1 kleine Sellerieknolle
3 Eßlöffel Öl
4 Lorbeerblätter
1/2 l heiße Fleischbrühe
4 Birnen
1/8 l Wasser
abgeriebene Schale einer Zitrone
20 g Zucker
1 kleines Glas (60 g) Preiselbeerkompott
1/4 l Wasser
1 Teelöffel Speisestärke
1/8 l saure Sahne

Heidschnucken haben Sie bestimmt schon auf einer stimmungsvollen Ansichtskarte von der Lüneburger Heide gesehen. Das sind die besonders kleinen Schafe, die fast nur dort noch herumblöken. Und da ihr Fleisch sehr würzig ist, kommt es zuweilen bei den Heidjern und in den Heide-Restaurants gebraten auf den Tisch. Schmeckt zwischen Hammel und Wild und ist ein Leckerbissen, den Sie unbedingt probieren sollten, wenn Ihnen mal Heidschnuckenfleisch angeboten wird.

Heidschnuckenkeule unter kaltem Wasser abspülen. Mit Haushaltspapier trockentupfen. Mit Salz und Pfeffer einreiben. Zwiebeln schälen und grob würfeln. Möhren und Sellerieknolle schälen, waschen und kleinschneiden.
Öl in einem großen Bräter erhitzen. Keule darin rundherum in 10 Minuten anbraten. Kleingeschnittenes Gemüse und Lorbeerblätter dazugeben. Mit 1/4 l heißer Fleischbrühe aufgießen. In den vorgeheizten Ofen auf die unterste Schiene stellen und das Fleisch 90 Minuten bei 220 Grad braten. Während der Bratzeit nach und nach die restliche Fleischbrühe angießen, dann hin und wieder mit dem Bratfond überschöpfen.
Während dieser Zeit die Birnen schälen, halbieren, Kerngehäuse rausschneiden. Wasser mit abgeriebener Zitronenschale und Zucker aufkochen. Birnenhälften darin 10 Minuten garen. Mit dem Schaumlöffel aus dem Wasser heben und abtropfen lassen. Mit Preiselbeerkompott füllen. Rest des Kompotts gesondert in einer Schüssel servieren.

Braten aus dem Ofen nehmen. Auf einer Platte anrichten. Mit den Birnenhälften umlegen.
Bratfond mit Wasser loskochen. In einen Topf sieben. Aufkochen. Mit in kaltem Wasser angerührter Speisestärke binden. Abschmecken. Saure Sahne reinrühren. Braten und Soße getrennt servieren.
Beilagen: Pfifferlinge und Salzkartoffeln.

Flensburger Gulasch

Zutaten für 4 Personen

500 g Schweinenacken
2 dicke Zwiebeln
500 g Kartoffeln
250 g Möhren
3 Äpfel
80 g Margarine oder
8 Eßlöffel Öl
Salz
weißer Pfeffer
1 l heiße Fleischbrühe
1/4 Bund Petersilie
zum Garnieren

Schweinenacken unter kaltem Wasser abspülen. Mit Haushaltspapier trockentupfen. In gulaschgroße Würfel schneiden. Zwiebeln schälen und fein würfeln. Kartoffeln schälen, waschen, in Scheiben schneiden. Möhren putzen und in Stifte schneiden. Äpfel schälen, halbieren, entkernen und würfeln.
Margarine oder Öl in einem großen Topf erhitzen. Fleischwürfel rundherum darin anbraten. Zwiebelwürfel zugeben und goldgelb werden lassen. Dann kommen die Kartoffelscheiben, die Möhrenstifte und die Apfelwürfel in den Topf. Salzen und pfeffern. Untereinander heben. Durchbraten und mit der heißen Fleischbrühe auffüllen. Das Gulasch bei geschlossenem Topf in 45 Minuten gar schmoren. Noch einmal abschmecken. Petersilie waschen, abtropfen, hacken. Gulasch damit bestreuen und servieren.

Ente Lübscher Art

Zutaten für 4 Personen

1 junge Ente (1,5–2 kg)
Salz
weißer Pfeffer
1 Eßlöffel Butter
1 Entenleber
knapp 1/4 l Weißwein
Für die Füllung:
100 g Rosinen
2 cl Rum
3 säuerliche Äpfel
1 Eßlöffel Entenfett
250 g Weißbrotwürfel
Salz
je 1 Messerspitze Salbei, Kardamom, Zimt
2–3 Eßlöffel Weißwein

Für die Füllung die Rosinen im Rum einweichen und etwas ziehen lassen. Die Äpfel waschen, schälen, vierteln, das Kerngehäuse entfernen. Apfelstücke würfeln.

Das Entenfett in einer Pfanne erhitzen und die Apfelwürfel darin andünsten. Die Brotwürfel hinzufügen. Mit Salz und den Gewürzen abschmecken und die Rosinen in den Topf geben. Unter Rühren einige Eßlöffel Weißwein daruntermischen, so daß eine geschmeidige Masse entsteht.

Die Ente waschen und abtrocknen. Innen und außen mit Salz und Pfeffer einreiben. Die Füllung in die Ente geben, dabei einen Eßlöffel für die Soße zurückbehalten. Die Öffnung der Ente zunähen.

Den Backofen auf 200 Grad vorheizen.

In einem eisernen Schmortopf die Butter auf dem Herd erhitzen und die Ente darin von allen Seiten anbraten. Den Topf verschließen und auf die untere Schiene in den Backofen stellen. Die Ente 30 Minuten braten lassen. Den Deckel abnehmen und die Ente mit der Brustseite nach oben in weiteren 45 Minuten goldbraun braten. Regelmäßig mit dem Bratensaft begießen. Die fertige Ente herausnehmen und warmstellen. Den Bratensaft entfetten. Die Entenleber in Würfel schneiden und in dem Bratenfond kurz andünsten. Die zurückbehaltene Füllung hinzugeben, mit dem Weißwein aufgießen und aufkochen lassen.

Vorsichtig die Füllung aus der Ente nehmen und in Scheiben schneiden. Die Ente tranchieren und auf einer vorgewärmten Platte mit der Füllung anrichten. Die Soße getrennt reichen.

Wildenten Hamburger Art

Wildenten innen und außen abreiben. In eine große Schüssel legen. Milch drübergießen. Zugedeckt 2 Tage kalt stellen.
Wildenten aus der Schüssel nehmen und trockentupfen. Innen und außen mit Salz einreiben. Mit Speckscheiben umwickeln. Mit Garn festbinden. Möhren putzen, waschen, abtropfen lassen. In Scheiben schneiden. Geschälte Zwiebeln in Scheiben schneiden.
Margarine in einem großen Bräter erhitzen. Enten darin rundherum in 10 Minuten anbraten. Möhren und Zwiebeln reingeben und kurz mitbraten. Heiße Fleischbrühe angießen. Wacholderbeeren und Pfefferkörner zugeben. Alles zugedeckt 40 Minuten schmoren lassen.
Enten aus dem Fond nehmen und zugedeckt warm stellen. Bratfond durch ein Sieb in einen Topf gießen. Einmal aufkochen. Wasser und Mehl in einem Becher verquirlen. In den Fond rühren. 5 Minuten kochen. Mit Salz und Pfeffer abschmecken.
Während die Enten braten, für das Sauerkraut Zwiebeln schälen. Fein würfeln. Schweineschmalz in einem Topf erhitzen. Zwiebeln darin in 3 Minuten goldgelb braten. Sauerkraut mit 2 Gabeln zerzupfen. Im Topf unter Rühren 10 Minuten anbraten. Wacholderbeeren reingeben. Äpfel schälen, vierteln, entkernen. Ins Sauerkraut mischen. Apfelwein angießen. Zugedeckt 25 Minuten bei schwacher Hitze kochen. Mit Zucker und Salz abschmecken. Sauerkraut auf einer großen Platte anrichten. Enten tranchieren. Auf das Kraut legen. Soße getrennt reichen.

Zutaten für 4 Personen

---

2 bratfertige Wildenten von je 600 g
1 l Milch
Salz
8 dünne Scheiben durchwachsener geräucherter Speck
150 g Möhren
2 Zwiebeln
50 g Margarine
1/4 l heiße Fleischbrühe
3 Wacholderbeeren
5 Pfefferkörner
1/8 l Wasser
2 Eßlöffel Mehl
Salz
weißer Pfeffer
Für das Sauerkraut:
2 Zwiebeln
50 g Schweineschmalz
500 g Sauerkraut
2 Wacholderbeeren
2 kleine Äpfel
1/4 l Apfelwein
Zucker
Salz

Labskaus

Zutaten für 4 Personen

500 g gepökeltes Rindfleisch
1/2 l Wasser
4 Salzheringe (800 g)
500 g Kartoffeln
2 Zwiebeln
1 Eßlöffel Schweineschmalz
150 g Rote Bete
2 Gewürzgurken

Schon in der Zeit der Segelschiffahrt war Labskaus sozusagen das tägliche Brot der Matrosen. Pökelfleisch und Salzheringe machten es möglich, dieses Gericht an Bord zu kochen. Labskaus ist heute ein beliebtes, deftiges Gericht, das überall an den norddeutschen Küsten auf vielfache Art zubereitet wird. Nach alter Tradition wird es bei Schifferessen gereicht. Nicht selten auch bei Probefahrten neuer Schiffe. Hier haben Sie das typische Hamburger Labskaus.

Rindfleisch unter kaltem Wasser abspülen. Wasser in einem Topf aufkochen. Fleisch darin 45 Minuten garen. Salzheringe putzen und von den Gräten lösen. 20 Minuten in einer Schüssel wässern.
In der Zwischenzeit Kartoffeln schälen und waschen. In einem Topf mit kaltem, aber nicht gesalzenem Wasser aufsetzen und vom Kochen an in 20 Minuten garen. Abgießen und trockendämpfen.
Fleisch aus der Brühe nehmen, in grobe Stücke schneiden. Mit Kartoffeln und Heringen durch den Fleischwolf (feine Scheibe) drehen. Zwiebeln schälen und würfeln. Schweineschmalz in einem Topf erhitzen, Zwiebeln darin glasig werden lassen. Die Labskausmasse zugeben, unter ständigem Rühren erhitzen.
Rote Bete und Gewürzgurken klein würfeln. Unterheben. Eventuell nachsalzen.
Beilagen: Rote Bete, Salzgurken, längs aufgeschnitten, und pro Portion ein Spiegelei.

„Snuten un Poten"

Sicher nicht jedermanns Geschmack, dieses herzhafte Essen. Früher kam es häufiger auf den Tisch. Aber an kalten, tristen Wintertagen schmeckt es nach wie vor. Wenn Sie das Gericht planen, sollten Sie das Fleisch vorher bei Ihrem Fleischer bestellen.

Zutaten für 4 Personen

4 leicht gepökelte Schweinefüße
750 g leicht gepökelter Schweinskopf
1 kg Sauerkraut

Schweinefüße und Schweinskopf abspülen und in einen hohen Topf geben. Mit kaltem Wasser bedecken und einmal aufkochen lassen. Das Wasser abgießen, die Fleischteile abspülen, wieder in den Topf geben und frisches Wasser auffüllen. Wieder aufkochen lassen, dann bei schwacher Hitze ca. 2 1/2–3 Stunden leise köcheln lassen.

Das Sauerkraut etwas zerzupfen und die letzten 30 Minuten mit dem Fleisch mitgaren. Sauerkraut auf einer Platte anrichten und das Fleisch darauflegen.

Beilage: Die traditionelle Beilage ist Erbsenpüree, das mit kroß gebratenen Speck- und Zwiebelwürfeln garniert wird. Und nach dem Essen sollte man sich einen Klaren zur besseren Verdauung genehmigen.

Bohnen, Birnen und Speck

Zutaten für 4 Personen

800 g Brechbohnen
4 Scheiben Rauchfleisch oder Schinkenspeck (à 150 g)
6 bis 8 kleine Kochbirnen
Thymian
Salz
Pfeffer aus der Mühle
2 Teelöffel Stärkemehl

Der „Gröne Hein“ verbindet den Geschmack von grünen Bohnen, im Norden auch „Türkische Erbsen“ genannt, mit demjenigen von Speck und Birnen. Am besten mundet dieser Eintopf, wenn die leicht säuerlichen Bergamottbirnen zur Verfügung stehen.

Die Bohnen waschen, entfädeln und in Stücke schneiden. Die Speckscheiben kurz in kochendes Wasser tauchen und abtupfen. Die Birnen waschen und unten einschneiden. Die Blütenansätze entfernen, die Stiele jedoch nicht.
Den Boden einer Kasserolle mit den Speckscheiben auslegen. Die Bohnen daraufgeben und mit einer guten Prise Thymian, Salz und Pfeffer würzen. Knapp mit Wasser bedeckt 15 Minuten bei mittlerer Hitze köcheln lassen.
Die Birnen auflegen und zugedeckt in weiteren 15 Minuten weich dünsten.
Die Kasserolle vom Herd nehmen. Die Flüssigkeit vorsichtig abgießen, mit Stärkemehl verquirlen, wieder über Bohnen, Birnen und Speck gießen und noch einmal rasch aufkochen.
Das Gericht in der Kasserolle auftragen.

Hamburger National

Hier haben Sie das Hamburger Nationalgericht, das im Winter gegessen wird. Denn nur dann gibt's Steckrüben, die unbedingt dazu gehören. Und es schmeckt ganz vorzüglich.

Zutaten für 4 Personen

50 g Schinkenspeck
2 Zwiebeln
500 g Schweinekamm
Salz
weißer Pfeffer
2 Kohlrüben (Steckrüben) von je 500 g
1/2 l heiße Fleischbrühe
500 g Kartoffeln
1 Lorbeerblatt
1 Nelke
1 Prise Zucker
1 Bund Petersilie

Schinkenspeck würfeln. In einen Topf geben. Glasig werden lassen. Geschälte Zwiebeln in Scheiben schneiden. Zwiebelscheiben darin goldgelb braten.
Schweinekamm unter kaltem Wasser abspülen. Mit Haushaltspapier trockentupfen. In Würfel schneiden. Mit Salz und Pfeffer bestreuen. In den Topf geben. Zugedeckt 10 Minuten schmoren lassen. Rüben schälen, waschen, vierteln und in fingerlange und -dicke Stifte schneiden, dann zum Fleisch geben.
Heiße Fleischbrühe angießen und zugedeckt 35 Minuten kochen lassen.
In der Zwischenzeit Kartoffeln schälen, waschen und in Stifte schneiden. Im Topf mit Salzwasser kochen. Nach 20 Minuten Garzeit mit Lorbeerblatt und Nelke zu den Rüben geben. Wenn alles gar ist, Lorbeerblatt und Nelke rausnehmen. Gericht mit Salz und Zucker abschmecken.
Petersilie waschen, mit Haushaltspapier trockentupfen und fein hacken. Hamburger National in eine vorgewärmte Schüssel füllen. Mit Petersilie bestreut servieren.

Seemannstopf

Zutaten für 4 Personen

750 g Rindfleisch aus Hüfte oder Kluft
weißer Pfeffer
Paprika edelsüß
4 Eßlöffel Öl
150 g durchwachsener Speck
30 g Margarine
250 g Zwiebeln
600 g Kartoffeln
3 Gewürzgurken
Salz
weißer Pfeffer
1/4 l heiße Fleischbrühe
1 Lorbeerblatt

Fleisch unter kaltem Wasser waschen, mit Haushaltspapier trockentupfen. In 1 cm dicke Scheiben schneiden. Mit Pfeffer und Paprika einreiben.
Öl in einer Pfanne erhitzen. Fleischscheiben darin auf jeder Seite 1 Minute anbraten. Beiseite stellen. Speck würfeln. Margarine in einer großen Pfanne erhitzen. Speckwürfel reingeben und in 5 Minuten glasig braten. Zwiebeln schälen, in Ringe schneiden und zum Speck geben. 5 Minuten goldgelb braten. Kartoffeln schälen, waschen, abtrocknen und in hauchdünne Scheiben schneiden oder hobeln.

Gewürzgurken auch in Scheiben schneiden.
Fleisch- und Kartoffelscheiben, Gurken, Speck und Zwiebeln abwechselnd in eine feuerfeste Form schichten. Dabei Fleisch und Kartoffeln mit etwas Salz und Pfeffer bestreuen. Mit der Fleischbrühe übergießen. Lorbeerblatt drauflegen. Form geschlossen in den vorgeheizten Ofen auf die mittlere Schiene stellen und den Seemannstopf 1 Stunde bei 200 Grad garen. (Garprobe machen, ob die Kartoffeln weich sind.)
Form rausnehmen. Lorbeerblatt entfernen. Seemannstopf in der Form servieren.

Würzfleisch mit Grießklößen

Fleisch unter kaltem Wasser abspülen, trockentupfen und in 2 cm große Würfel schneiden. Mit Salz und Pfeffer würzen. Kokosfett in einem Topf erhitzen. Fleisch darin in 10 Minuten braun braten. Heiße Fleischbrühe angießen. Lorbeerblatt, Pimentkörner und Zitronenschale zugeben. 40 Minuten zugedeckt kochen. Schweinenieren längs teilen. Helles Gewebe entfernen. Unter kaltem Wasser abspülen. Trockentupfen. In 1 cm dicke Stücke schneiden. Speck fein würfeln. Zwiebeln schälen und fein hacken. Speck in der Pfanne anbraten, Nieren zugeben und in 5 Minuten braun braten. Rausnehmen. Zwiebeln in die Pfanne geben. In 5 Minuten goldgelb werden lassen. Kartoffel schälen und fein reiben. Zwiebeln und Kartoffelmasse zum Schweinefleisch in den Topf geben. 2 Minuten kochen. Würzfleisch pikant abschmecken. Abgetropfte Pfifferlinge und die Nieren zugeben. Erhitzen, aber nicht mehr kochen. Warm stellen.
Grießklöße zubereiten, während das Fleisch gar wird. Dazu Milch mit Salz, Muskat und Margarine in einem Topf aufkochen. Grieß unter Rühren einrieseln lassen. Gut durchrühren und bei geringster Hitze 5 Minuten quellen lassen. Vom Herd nehmen. Eier unterrühren. Wasser aufkochen. Salzen, Suppenlöffel in heißes Wasser tauchen, Klöße abstechen, in den Topf gleiten lassen und in 10 Minuten gar ziehen lassen. Herausnehmen und abtropfen lassen. Würzfleisch und Klöße getrennt reichen.

Zutaten für 4 Personen

250 g Schweineschulter oder Schweinekamm ohne Knochen
Salz
schwarzer gemahlener Pfeffer
15 g Kokosfett
1/4 l Fleischbrühe
1/2 Lorbeerblatt
6 Pimentkörner
1 Stück Zitronenschale
2 Schweinenieren (300 g)
50 g Schinkenspeck
2 Zwiebeln
1 Kartoffel
150 g Pfifferlinge (aus der Dose)
Für die Grießklöße:
1/2 l Milch
Salz
geriebene Muskatnuß
20 g Margarine
150 g Hartweizengrieß
3 Eier
1 l Wasser

Schwarzsauer

Zutaten für 4 Personen

750 g Schweinerippe
4 Schweineschwänzchen
2 Schweinepfoten
2 Lorbeerblätter
6–8 Pfefferkörner
Weinessig nach Geschmack
3/4 l Schweineblut
Salz
Pfeffer

Schwarzsauer wurde früher vor allem am Schlachttag zubereitet. Aber bitten Sie Ihren Fleischer doch, ob er Ihnen nicht auch Schweineblut für dieses Traditionsessen beiseite tut. In einigen Regionen, vor allem in Friesland, wird das Gericht auch mit Gänseklein und Gänseblut zubereitet.

Die Schweinefleischteile abspülen und in einen hohen Topf geben. Die Gewürze und Essig nach Geschmack beifügen und mit Wasser auffüllen, so daß das Fleisch bedeckt ist. Das Fleisch solange bei kleiner Hitze sieden lassen, bis es gar ist. Das dauert ca. 2 1/2–3 Stunden.
Anschließend das Fleisch herausnehmen und warmhalten. Etwas heiße Kochbrühe in eine Schüssel geben und mit 1/2 l Blut gut verrühren. Die Mischung mit dem Schneebesen in die nicht mehr kochende Brühe im Topf rühren. Dann das restliche Blut direkt einrühren.
Das Fleisch wieder in den Topf geben und alles nochmals kurz erhitzen, aber nicht kochen.
Das Schwarzsauer sofort servieren.
Beilage: Mehl- oder Grießklöße oder Salzkartoffeln.

Hamburger Ochsenschwanztopf

Kartoffeln schälen, waschen, in kaltem, gesalzenem Wasser aufsetzen. Vom Kochen an in 20 Minuten garen. Abgießen, trockendämpfen. Ochsenschwanz unter kaltem Wasser abspülen. Abtrocknen und in 4 cm lange Stücke schneiden. Zwiebel schälen und würfeln. Margarine oder Schweineschmalz in einem Topf erhitzen, Ochsenschwanzstücke reingeben. 5 Minuten rundherum anbraten. Salzen. Zwiebelwürfel dazugeben und glasig werden lassen.
Mehl drüberstäuben. Mit heißer Fleischbrühe auffüllen. Lorbeerblatt zugeben. 2 Stunden mit mittlerer Hitze kochen.
Lorbeerblatt und Ochsenschwanzstücke rausnehmen. Fleisch von den Knochen lösen und wieder in die Suppe geben.
Kartoffeln in Würfel schneiden. Mixed Pickles fein hacken. Beides 5 Minuten in der Suppe erhitzen. Mit Salz, Pfeffer und Paprika pikant abschmecken.

Zutaten für 4 Personen

500 g Kartoffeln
Salz
1 Ochsenschwanz von $1^1/_2$ kg
1 Zwiebel
50 g Margarine oder Schweineschmalz
Salz
1 Eßlöffel Mehl
1 l heiße Fleischbrühe aus Würfeln
1 Lorbeerblatt
70 g Mixed Pickles (aus dem Glas)
schwarzer Pfeffer
Paprika edelsüß

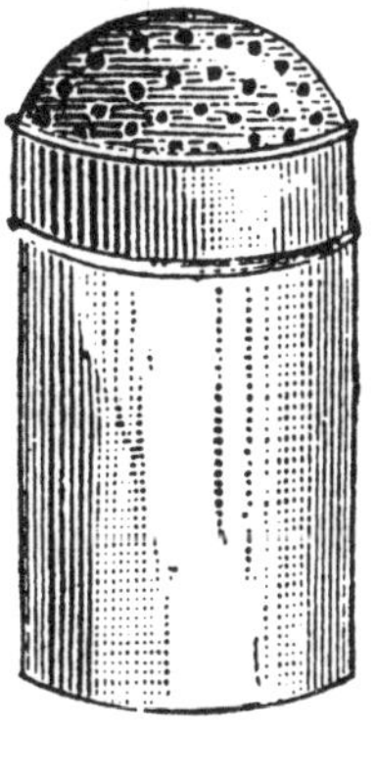

Typische Fischgerichte

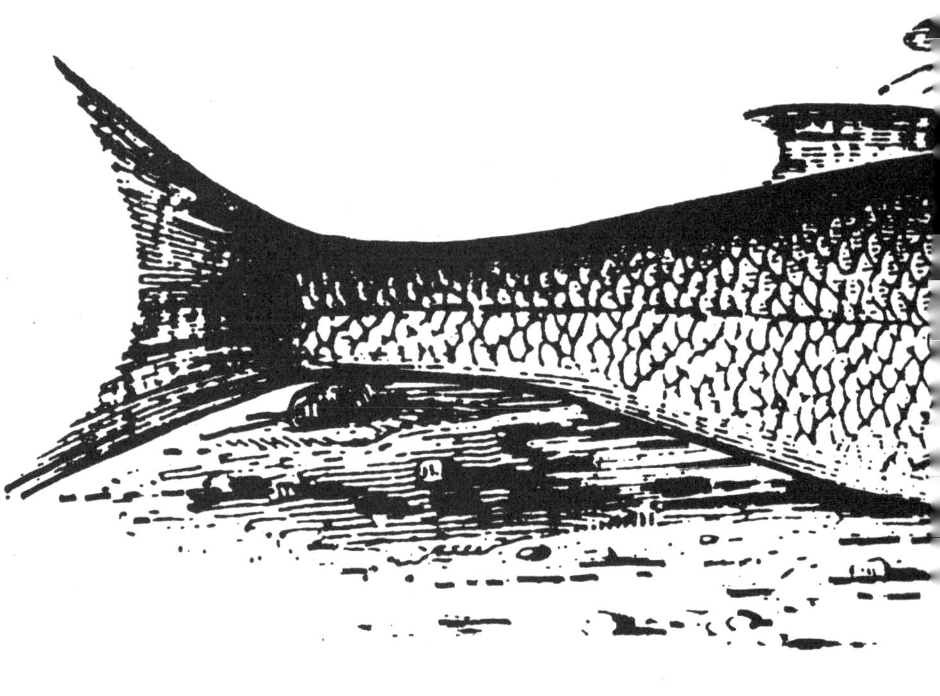

Angelschellfisch mit Senfsoße

Zutaten für 4 Personen

1,2 kg Schellfisch am Stück
Saft von 1 Zitrone
Für den Kochsud:
2 l Wasser
1/4 l Weißweinessig
1 1/2 Eßlöffel Salz
1 Prise Zucker
1 Bund zerkleinertes Suppengrün
1 in Scheiben geschnittene Zwiebel
6 weiße Pfefferkörner
1 Lorbeerblatt
2 Petersilienstengel
Für die Senfsoße:
40 g Butter
40 g Mehl
1/2 l Wasser oder Fischsud
2 Eßlöffel mittelscharfer Senf
1 Prise Zucker
Salz
3 Eßlöffel Sahne

Schellfisch mit Senfsoße – das schmeckt nicht nur Hanseaten. Das klassische Fischrezept kann auch jeder Binnenländer machen. Voraussetzung ist natürlich, daß der Schellfisch einen möglichst kurzen Transportweg hinter sich hat. Denn auch hier gilt – Frische ist das wichtigste für den Geschmack eines jeden Fischgerichts.

Für den Kochsud alle Zutaten in einem hohen Topf zum Kochen bringen und zugedeckt 1/2 Stunde bei milder Hitze köcheln lassen. Den Sud durch ein Sieb gießen und in einen flachen Fischtopf geben.
Den Fisch waschen, abtrocknen und innen und außen mit Zitronensaft beträufeln. Etwas stehen lassen. Den Sud zum Kochen bringen, den Schellfisch einlegen, die Hitze sofort reduzieren und den Fisch in etwa 20 Minuten gar ziehen lassen.
Für die Senfsoße aus Butter und Mehl eine helle Schwitze bereiten. Unter ständigem Rühren mit dem Schneebesen Wasser oder Fischsud aufgießen. Die Soße unter Rühren zum Kochen bringen und bei geringer Hitze unter Umrühren durchköcheln. Soße vom Herd ziehen und mit Senf, Zucker, Salz und Sahne abschmecken.
Den Schellfisch aus dem Sud heben, abtropfen lassen und auf einer vorgewärmten Platte anrichten. Mit etwas Senfsoße übergießen und die restliche getrennt reichen.
Beilagen: Salzkartoffeln oder in Petersilienbutter geschwenkte kleine Pellkartoffeln. Außerdem Gurkensalat mit Dillmarinade.

Maischollen Finkenwerder Art

Feinfisch sagt man an der Waterkant, wenn von Schollen die Rede ist. Der Plattfisch ist aber nicht nur eine Gaumenfreude. Mit ihm lebt sich's auch gesund: 100 g Schollenfleisch enthalten über 17 g hochwertiges Eiweiß, aber nur 0,8 g Fett! Für Feinschmecker bringt der Mai die wahre Schollen-Wonne. Da sind die Schollen zwar noch klein, aber ihr Fleisch ist besonders zart und schmackhaft.
In Finkenwerder, einem ehemaligen Fischerdorf an der Unterelbe, das jetzt zu Hamburg gehört, werden die Schollen traditionell so zubereitet:

Zutaten für 4 Personen

4 Maischollen von je 400 g
Saft einer Zitrone
150 g fetter Speck
Salz
40 g Mehl
1 Bund Petersilie
1 Zitrone zum Garnieren

Ausgenommene Schollen von Kopf und Schwanz befreien (kann man gleich beim Einkauf auch vom Fischhändler machen lassen). Unter fließendem kaltem Wasser waschen, mit Haushaltspapier trockentupfen und mit Zitronensaft beträufeln. Speck würfeln, in einer Pfanne auslassen. Grieben aus der Pfanne nehmen. Schollen salzen, in Mehl wenden. In der Pfanne im heißen Speckfett auf jeder Seite 5 Minuten braten. Dabei öfter die Pfanne rütteln, damit die Fische nicht ansetzen. Schollen auf einer vorgewärmten Platte warm stellen. Speckwürfel in der Pfanne noch mal erhitzen, mit dem Fett über die Schollen verteilen. Petersilie waschen, trockentupfen und zerpflücken. Zitrone unter heißem Wasser waschen, trocknen und vierteln. Die Schollen mit Zitronenvierteln und Petersilie garniert servieren.
Beilage: Kartoffelsalat mit Tomatenwürfeln und frischen Gurkenscheiben.

Scholle Blankeneser Art

Zutaten für 4 Personen

4 küchenfertige Schollen von je 250 g
Salz
40 g Mehl
40 g Butter
3 Eßlöffel Öl
100 g Steinpilze aus der Dose
140 g Nordsee-Krabben
2 Eßlöffel Zitronensaft
1 Bund Petersilie

In Hamburgs Elbvorort Blankenese sind seit altersher Seefischkenner zu Hause: Fischer, Lotsen, Kapitäne, Reeder. Kein Wunder, daß man sich rund um den Süllberg auch auf eine besonders delikate Zubereitung der Scholle versteht.

Schollen kurz unter fließendem Wasser waschen. Mit Haushaltspapier trockentupfen und mit Salz bestreuen. Dann in Mehl wenden. Panade etwas andrücken.
Butter und Öl je zur Hälfte in zwei Pfannen erhitzen. Schollen darin bei mittlerer Hitze auf jeder Seite 6 Minuten braten. In der Zwischenzeit Steinpilze abtropfen lassen und in Scheiben schneiden. Schollen aus der Pfanne nehmen. Auf einer Platte anrichten und warm stellen. Steinpilze und Krabben in die Pfanne geben. 5 Minuten dünsten. Über die Schollen verteilen und mit Zitronensaft beträufeln. Petersilie abspülen, trockentupfen und hacken. Über die Schollen streuen. Sofort servieren.

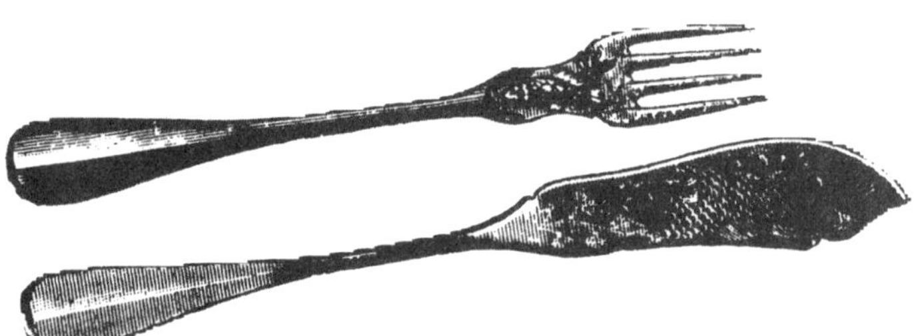

Beilage: Selleriesalat und Petersilienkartoffeln. Als Getränk empfiehlt sich ein frischer Weißwein oder ein kühles Pils mit einem eiskalten Aquavit vorweg.

Gebratene Flundern

Die Flunder, ein gut schmeckender Plattfisch, ist nahe verwandt mit der Scholle und heißt außerdem noch Graubutt, Sandbutt, Struffbutt, Elbbutt, Weserbutt und Rauhflunder. Flundern leben vorwiegend in Ost- und Nordsee, schwimmen aber manchmal auch die Flüsse aufwärts. Frisch werden sie meistens wie Schollen zubereitet. Sie sind übrigens etwas größer als Schollen und rauh beschuppt. Flundern schmecken am besten von Oktober bis Dezember. So brät man sie:

Zutaten für 4 Personen

1 kg küchenfertig vorbereitete Flundern
Saft einer Zitrone
Salz
weißer Pfeffer
5 Eßlöffel Mehl
8 Eßlöffel Öl
1/2 Bund Petersilie und
1 Zitrone zum Garnieren

Fische unter kaltem Wasser abspülen und mit Haushaltspapier trockentupfen. Wenn nötig, schuppen, noch mal abspülen und trocknen. Innen und außen mit Zitronensaft beträufeln, 10 Minuten einziehen lassen. Dann innen und außen salzen und pfeffern und in Mehl wenden.
Öl in einer großen Pfanne erhitzen. Die Flundern darin auf beiden Seiten je 10 Minuten bei kleiner Hitze braten. Auf einem vorgewärmten Teller anrichten und mit gewaschener, getrockneter Petersilie und Zitronenachteln garniert servieren.
Beilagen: Zerlassene Butter und Petersilienkartoffeln. Oder Kartoffelsalat mit Speck.

Die vielen Gräten bei gebratenem Flachfisch entfernen sich leichter, wenn der Kopf links und der Bauchschlitz vorn am Tellerrand liegen

Seezunge Altonaer Art

Zutaten für 4 Personen

150 g tiefgekühlte, geschälte Scampi
12 Seezungenfilets von je 50 g
Saft einer Zitrone
250 g frische Champignons
80 g Butter
150 g Miesmuscheln aus dem Glas
Saft einer halben Zitrone
Salz
Cayennepfeffer
4 Eßlöffel Mehl
1/2 Bund Petersilie
Außerdem:
40 g Butter

In Hamburg-Altona, direkt am Fischereihafen, gibt's Seezungen natürlich fangfrisch zu kaufen. Aber dank der modernen Kühltechnik kann man heute auch in südlicheren Gefilden Deutschlands diesen Edelfisch ganz frisch auf den Tisch bringen.

Scampi nach Vorschrift auftauen lassen. Seezungenfilets mit Haushaltspapier trockentupfen. Mit Zitronensaft beträufeln und 10 Minuten ziehen lassen.
In der Zwischenzeit Champignons putzen, waschen, abtropfen lassen. Große Köpfe vierteln, kleine halbieren. 30 g Butter in einem Topf erhitzen. Champignons darin 8 Minuten dünsten. Die abgetropften Miesmuscheln und Scampi 5 Minuten sanft kochen lassen. Mit Zitronensaft, Salz und Cayennepfeffer abschmecken. Warmstellen.
Seezungenfilets salzen und in Mehl wenden. Restliche Butter in einer Pfanne erhitzen. Filets darin auf jeder Seite in 3 Minuten goldgelb braten. Auf einer vorgewärmten Platte anrichten. Mit der Champignonmischung überziehen. Mit abgespülter, trockengetupfter und fein gehackter Petersilie bestreuen. Butter in einer Pfanne bräunen. Über den Fisch gießen. Sofort servieren.
Beilagen: Feldsalat in Essig-Öl-Marinade und Petersilienkartoffeln.

Hamburger Pfannfisch

Den Fisch in 2 cm große Würfel schneiden. Wenn Sie tiefgekühlten Fisch verwenden, diesen etwas antauen lassen. Speck würfeln. Zwiebeln schälen und in feine Ringe schneiden. Butter oder Margarine in einer Pfanne erhitzen. Speckwürfel darin 5 Minuten braten. Zwiebelwürfel dazugeben. In weiteren 5 Minuten goldbraun werden lassen.
Pellkartoffeln schälen und in Scheiben schneiden. Mit den Fischwürfeln in die Pfanne geben. Salzen. Wasser zugießen. Zugedeckt 10 Minuten dünsten. Senf und Kondensmilch verquirlen. Vorsichtig unter das Gericht ziehen. Ohne Deckel noch etwa 10 Minuten braten. Petersilie waschen. Mit Haushaltspapier trockentupfen. Fein hacken und vor dem Servieren drüberstreuen.

Zutaten für 4 Personen

400 g Kabeljaufilets
100 g durchwachsener Speck
2 große Zwiebeln
50 g Butter oder Margarine
500 g Pellkartoffeln
Salz
knapp 1/8 l heißes Wasser
2 Eßlöffel Senf
2 Eßlöffel Kondensmilch
1/2 Bund Petersilie

Gebratener Barsch

Barsche schuppen. Innen und außen säubern. Mit Zitronensaft beträufeln. Schweineschmalz in einem ausreichend großen Topf erhitzen. Die Barsche darin in 20 bis 25 Minuten goldbraun braten. Dann erst salzen.
Auf einer Platte anrichten. Dick mit blättrig geschnittenen Haselnüssen, die in etwas Butter geröstet worden sind, bestreuen. Mit Petersiliensträußchen garnieren.
Beilagen: In Butter gebratene Champignons und Petersilienkartoffeln.

Zutaten für 4 Personen

1 kg Barsche
(nicht zu große Fische)
Saft einer Zitrone
40 g Schweineschmalz
Salz
50 g blättrig geschnittene Haselnüsse
20 g Butter
1/2 Bund Petersilie

Aal grün

Zutaten für 4 Personen

1 kg küchenfertiger Aal
80 g Butter
2 große Zwiebeln
2 Schalotten
250 g frischer Spinat
125 g Sauerampfer
je 1 Bund Petersilie, Estragon, Kerbel
Salz
Pfeffer
etwas Muskat
1/2 l trockener Weißwein
Saft von einer Zitrone
2 Eigelb

Aal waschen, abtrocknen und in 5 cm lange Stücke schneiden. Butter im Topf auslassen. Geschälte, gehackte Zwiebeln und Schalotten darin goldgelb bräunen. Aalstücke dazugeben und zugedeckt 10 Minuten dünsten.
Spinat, Sauerampfer und Kräuter putzen und waschen. Fein hacken. Zum Fisch geben. Salzen, pfeffern. Mit Muskat würzen und mit Wein auffüllen. Zugedeckt 15 Minuten dünsten. Vom Feuer nehmen und den Zitronensaft unterrühren. Die Soße mit Eigelb binden und kalt werden lassen. Das Fischgericht mit Zitronenachteln anrichten. Beilagen: Toastbrot und Butter oder Bratkartoffeln.

Aal häuten ist gar nicht schwer. Man schneidet zuerst die Flossen ab und dann die Haut hinter dem Kopf quer ein. Sie wird rundherum glatt vom Fleisch gelöst und mit den Händen abgezogen. Am besten hängen Sie dabei den Fisch an einem Haken fest auf. Das macht die Arbeit leichter.

Heringsauflauf

Zusammen mit Gemüse und Salaten bringt dieser Heringsauflauf Abwechslung in den Speisezettel. Auch Binnenländern wird er schmecken. Vor allem kann man diesen Auflauf vorbereitet im Kühlschrank aufbewahren und dann eine Stunde vor der Mahlzeit in den Ofen stellen.

Heringe ausnehmen und entgräten. Kopf, Schwanz und Flossen abschneiden. In eine Schüssel legen und unter fließendes kaltes Wasser stellen. Sind sie sehr salzig, 10 Minuten in Milch legen.
Die Pellkartoffeln schälen und durch eine Presse oder in einen Mixer geben. Auflaufform einfetten. In einer Schüssel 40 g Butter und Eigelb schaumig rühren, Gewürze und geriebene Kartoffeln untermischen. Geschälte, gehackte Zwiebeln in der restlichen Butter in einer Pfanne goldbraun anbraten. In die Masse geben.
Den gewässerten, trockengetupften Fisch in kleine Stücke schneiden und druntermischen. Eiweiß steif schlagen. Unterziehen. Den Auflauf in die Form füllen, mit Semmelbröseln und Käse bestreuen. Butterflöckchen über die Masse verteilen. In den vorgeheizten Ofen stellen und den Auflauf 60 Minuten bei 220 Grad garen.
Auflauf aus dem Ofen nehmen und sofort servieren.

Fisch immer gründlich ausnehmen. Die dunklen Häute an der Innenseite sorgfältig abziehen. Denn sie sind schuld, wenn der Fisch bitter schmeckt. Auch die Schwanz- und Rückenflossen müssen gestutzt werden.

Zutaten für 4 Personen

5 Salzheringe (je 150 g)
eventuell 3/8 l Milch
500 g Pellkartoffeln (am Vortag gekocht)
Butter zum Einfetten
60 g Butter
4 Eigelb
Salz
schwarzer Pfeffer
Piment
geriebene Muskatnuß
2 Zwiebeln
4 Eiweiß
2 Eßlöffel Semmelbrösel
3 Eßlöffel geriebener Käse
20 g Butter

Hamburger Fischauflauf mit Schinken

Zutaten für 6 Personen

1 kg Kartoffeln
800 g Seelachs- oder Kabeljaufilet
Saft einer Zitrone
1 l Wasser
Salz
Pfeffer
Margarine zum Einfetten
250 g gekochter Schinken
1 Zwiebel
1/4 l saure Sahne
4 Eßlöffel Semmelbrösel
4 Eßlöffel Butter

Kartoffeln sauber abbürsten. In kaltem Wasser aufstellen und vom Kochen an in 30 Minuten garen. Kalt abschrecken, abziehen und auskühlen lassen.
Fisch unter kaltem Wasser abbrausen. Mit Haushaltspapier trockentupfen. Mit Zitronensaft beträufeln.
Wasser mit Salz und Pfeffer aufkochen. Den Fisch ins kochende Wasser geben, Hitze reduzieren und den Fisch in fünf Minuten halbgar ziehen lassen. Auch abkühlen lassen.
Eine Auflaufform mit Margarine einfetten. Kartoffeln in Scheiben, Fisch in Stücke schneiden. Auflaufform mit Kartoffelscheiben auslegen. Leicht salzen. Gewürfelten Schinken darauf verteilen. Dann eine Schicht Fisch draufpacken, leicht pfeffern. Zwiebel schälen und fein würfeln. Auf den Fisch geben. Dann wieder eine Schicht Kartoffeln drauflegen, mit etwas Salz bestreuen. Dann kommt eine Lage Fisch, eine Lage Kartoffeln und zum Schluß Fisch. Den Fisch jeweils mit Pfeffer, die Kartoffeln mit Salz bestreuen. Sahne verquirlen. Über den Auflauf verteilen. Mit Semmelbröseln bestreuen, mit Butterflöckchen belegen. In den vorgeheizten Ofen auf die mittlere Schiene schieben und 30 Minuten bei 220 Grad backen. Auflauf in der Form servieren.
Beilage: Rote Bete- oder Grüner Salat.

Fischfrikadellen

An der Küste sind Frikadellen aus Fisch fast noch beliebter als Hackfleischfrikadellen. In der Zubereitung sind sich beide sehr ähnlich.

Zutaten für 4 Personen

500 g festes Fischfilet
(z. B. Kabeljau, Rotbarsch)
100 g durchwachsener Speck
1 große Zwiebel
1 Bund Petersilie
1 Brötchen vom Vortag
(in Wasser eingeweicht)
2 kleine Eier
Salz
Pfeffer
abgeriebene Zitronenschale
Öl oder Butter zum Braten

Das Fischfilet, wenn nötig, entgräten. Zusammen mit dem Speck, der geschälten Zwiebel, der gehackten Petersilie und dem gut ausgedrückten Brötchen durch die feine Scheibe des Fleischwolfes drehen oder in der Küchenmaschine zu einer Farce verarbeiten.
Den Fischteig mit den Eiern vermengen. Mit Salz, Pfeffer und Zitronenschale abschmecken. Sollte der Teig zu weich sein, etwas Semmelbrösel oder Mehl beifügen.
Öl oder Butter in einer Pfanne erhitzen. Aus dem Teig mit feuchten Händen 4–6 Frikadellen formen und diese bei mittlerer Hitze in ca. 10 Minuten auf beiden Seiten goldbraun braten.
Beilagen: Rote-Bete-Gemüse oder Buttererbsen mit Salzkartoffeln. Außerdem schmecken dazu Schmorgurken mit viel Dill.

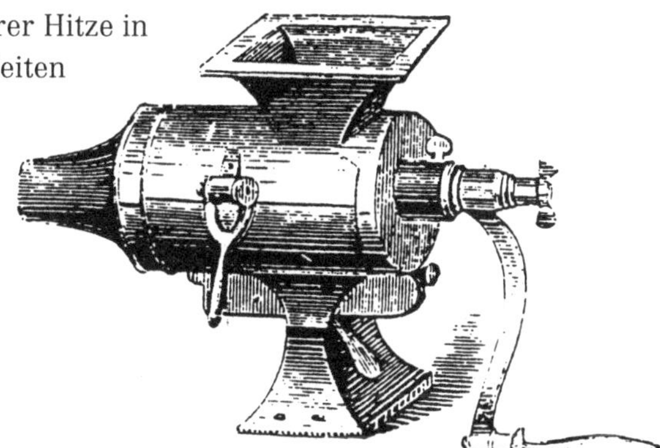

SALT

Klöße und Pfannkuchen

Holsteinische Mehlklüten

Zutaten für 4 Personen

500 g Mehl
Salz
80 g Schweineschmalz
1/4 l kochendes Wasser
2 l Wasser
Salz

Holsteiner und Hamburger mögen Mehlklüten (hochdeutsch: Mehlklöße) gleich gern essen. Viele Hamburger sagen zum Beispiel, ihre echte Aalsuppe sei nur echt, wenn sie mit Mehlklüten auf den Tisch kommt. Zusammen mit Backobstkompott kann man sie auch als preiswertes und leckeres Mittagessen servieren. Aber am besten, so schwören die Holsteiner, schmecken sie gebraten. Man läßt sie kalt werden, schneidet sie in Scheiben und brät sie in Butter oder Margarine goldgelb. Man kann sie natürlich auch als Beilage zu Schweinebraten oder Rinderschmorbraten reichen. Dazu gibt's dann Kopfsalat.

Mehl in eine Schüssel geben. Mulde in die Mitte drücken. Eine kräftige Prise Salz reinstreuen. Schweineschmalz in der Pfanne erhitzen. Sprudelnd heiß ins Mehl schütten. Auch das kochende Wasser. Erst mit einem Löffel, dann mit den Händen zum Teig mischen.

Wasser in einem großen Topf aufkochen. Salzen. Mit nassen Händen Klüten von 4 cm Durchmesser rollen. Ins kochende Wasser gleiten lassen. In 20 Minuten garen. Dabei darf das Wasser – im Gegensatz zu allen anderen Klößen – kochen. Mit dem Schaumlöffel aus dem Topf heben. Abtropfen lassen. In einer vorgewärmten Schüssel anrichten.

Backpulvermehlklöße

Butter schaumig rühren. Nacheinander Eier, Salz, mit Backpulver gesiebtes Mehl und Milch dazugeben. Teig kräftig schlagen, bis er Blasen wirft. 1 l gesalzenes Wasser zum Kochen bringen. Vom Teig mit einem in kaltes Wasser getauchten Eßlöffel Klöße abstechen. Die kommen in das kochende Wasser. 12 Minuten garziehen lassen. Niemals kochen, sonst zerfallen die Klöße. Wozu reichen? Schweine- oder Rinderbraten. Wenn Sie Backobst dazu servieren wollen, können Sie in Butter geröstete Semmelbrösel über die Klöße geben.

Zutaten für 4 Personen

40 g Butter
3 Eier
Salz
1 gestrichener Teelöffel Backpulver
400 g Mehl
etwa 1/8 l Milch

Schwemmklöße

Die Milch mit der Butter, Salz und Muskatnuß aufkochen. Das Mehl darübersieben. Alles gut durchrühren, bis sich ein Kloß bildet, der sich vom Topfboden löst. Den Topf vom Herd ziehen und nacheinander die Eier unterrühren. Reichlich Salzwasser zum Kochen bringen. Von der Kloßmasse mit einem Teelöffel Klößchen abstechen, in das siedende Wasser gleiten lassen und in ca. 8–10 Minuten garziehen lassen. Schwemmklößchen verwendet man als Beilage oder als Suppen- oder Eintopfeinlage. In die traditionelle Hamburger Aalsuppe gehören sie auf jeden Fall.

Zutaten für 4 Personen

1/4 l Milch
25 g Butter
Salz
frischgeriebene Muskatnuß
125 g Mehl
2 Eier

Grießklöße

Zutaten für 4 Personen

1 l Milch
80 g Butter
1 Prise Salz
1 Prise geriebene Muskatnuß
250 g Grieß
3 Eier
$1^1/_2$ l Wasser
3 Eßlöffel Semmelbrösel

Milch, 40 g Butter, Salz, geriebene Muskatnuß in einem Topf aufkochen. Grieß unter Rühren reinstreuen und 10 Minuten bei geringer Hitze rühren, bis sich der Grieß vom Topf löst. Topf vom Herd nehmen. Das erste Ei aufschlagen und in den Kloß rühren. Teig 5 Minuten abkühlen lassen. Dann das zweite Ei aufschlagen und in den Teig rühren. Er soll in dicken Zapfen vom Löffel reißen. Das dritte Ei nicht reingeben, wenn der Teig schon weich genug ist.
Wasser in einem Topf aufkochen. Mit einem immer wieder in kaltes Wasser getauchten Eßlöffel Klöße abstechen. In den Topf gleiten lassen. Hitze reduzieren. Klöße gar ziehen lassen. Nie kochen! Aus dem Topf nehmen. Abtropfen lassen und in einer vorgewärmten Schüssel anrichten.
Restliche Butter in einer Pfanne zerlassen. Semmelbrösel darin leicht bräunen. Über die Klöße verteilen.
Wozu reichen? Zu Rindergulasch oder Schweinebraten. Grießklöße können auch eine Mahlzeit ersetzen. Dann reicht man dazu warmes Kompott oder gekochtes Backobst.

Birnenkloß

Wollen Sie mal wie die Schleswig-Holsteiner essen? Dann probieren Sie doch den Birnenkloß. Er ist ein Hauptgericht. In Schleswig-Holstein bäckt man diesen Kloß in einer feuerfesten runden Tonschüssel (ähnlich wie Milchsatten). Wenn Sie die auch haben, um so besser. Darin wird alles knusprig.

Zutaten für 4 Personen

Für den Hefeteig:
250 g Mehl
15 g Hefe
1/2 Teelöffel Zucker
1/4 l lauwarme Milch
50 g Margarine
1 kräftige Prise Salz
Butter oder Margarine zum Einfetten
Für die Füllung:
150 g durchwachsener Speck in Scheiben
250 g Apfelkompott, nicht zu süß
500 g Kochbirnen
1/4 l kochendes Wasser

Mehl in eine Schüssel geben. In die Mitte eine Mulde drücken. Hefe reinbröckeln. Mit Zucker und etwas lauwarmer Milch zum glatten Vorteig verrühren. Etwas Mehl drüberstäuben. 10 Minuten gehen lassen. Restliche Milch reingeben. Margarine in Flöckchen und das Salz auf den Rand verteilen. Schlagen, bis der Teig glatt ist und sich vom Rand löst.
Feuerfeste Form fetten. Mit Speck auslegen. Aber nur den Boden, darauf kommt das Apfelkompott. Dann eine Schicht Hefeteig, dann geschälte, entkernte, in Scheiben geschnittene Birnen. Wieder Hefeteig, Birnen und zum Schluß Hefeteig. Heißes Wasser an der Seite angießen. In den vorgeheizten Ofen schieben und den Kloß 40–50 Minuten bei 200 Grad backen.
Kloß in der Form servieren.
Beilage: Specksoße (Rezept Seite 75).

„Plumen un Klüten"

Zutaten für 4 Personen

350 g entsteinte Backpflaumen
Wasser
350 g durchwachsener Speck
2 Eßlöffel Zucker
3 Eßlöffel Rotweinessig
3 Teelöffel Speisestärke
Für die Klüten:
30 g Butter
1/4 l Milch
Salz
125 g Mehl
2 Eier
1 Messerspitze geriebene Muskatnuß
Außerdem:
Wasser
Salz

An der Waterkante, und ganz besonders in Schleswig-Holstein, liebt man die geschmackliche Verbindung von Süß und Geräuchert (wie auch bei Birnen, Bohnen und Speck). Plumen un Klüten mit einer ordentlichen Portion Speck war ursprünglich ein ländliches Gericht, aber heute essen es von Lübeck bis Flensburg auch die Städter mit Genuß.

Backpflaumen auf einem Sieb unter fließendem Wasser abspülen. In eine Schüssel geben. Knapp mit Wasser bedeckt über Nacht quellen lassen. Am nächsten Tag Speck in einen Topf geben. 2 Finger hoch Wasser drübergießen. Zugedeckt 50 Minuten kochen lassen. Pflaumen mit Einweichwasser, Zucker und Essig dazugeben und weitere 20 Minuten kochen lassen. Speisestärke mit etwas Wasser in einer Tasse glattrühren. Die Flüssigkeit damit binden. Einmal aufkochen lassen. Dann warm stellen.
Während Speck und Backpflaumen kochen, die Klüten zubereiten. Dazu Butter, Milch und Salz in einem Topf aufkochen. Vom Herd nehmen. Mehl auf einmal reinschütten. So lange rühren, bis sich ein Kloß und am Topfboden eine weiße Haut bildet. Nacheinander die Eier einrühren. Mit Muskatnuß würzen.
Reichlich Wasser in einem Topf zum Kochen bringen. Salzen. Mit einem Eßlöffel, der zwischendurch immer wieder unter kaltes Wasser gehalten wird, Klöße abstechen. Ins Wasser geben, das nun nicht mehr kochen darf. Klöße in 10 Minuten

gar ziehen lassen. Mit einer Schaumkelle rausnehmen und abtropfen lassen. Auf einer Platte anrichten.
Speck aus der Soße nehmen und auch auf die Platte geben. Alles mit Soße und Pflaumen übergießen und sofort servieren.

Specksoße

Zutaten für 4 Personen

- 1 Eßlöffel Öl
- 50 g fetter Speck
- 1 Zwiebel
- 30 g Mehl
- 1/4 l Wasser
- Salz
- schwarzer Pfeffer
- Paprika rosenscharf
- 1 Teelöffel Zitronensaft

Öl in einem Topf erhitzen. Speck in 3 mm große Würfel schneiden. Reingeben und in 5 Minuten glasig braten. Zwiebel schälen, würfeln. Auch 3 Minuten braten. Mehl drüberstäuben. In 3 Minuten braun werden lassen. Unter Rühren mit Wasser auffüllen.
Bei schwacher Hitze 5 Minuten kochen lassen. Mit Salz, Pfeffer, Paprika und dem Zitronensaft pikant abschmecken.
Wozu reichen? Zu Klößen, jungen Kartoffeln, gekochtem Rindfleisch, Eiern, Bohnengemüse, Matjesheringen und gekochtem Fisch.

Man kann die Specksoße auch noch mit einer gewürfelten Gewürzgurke und Zucker süßsauer abschmecken.

Hanseatische Speckklüten

Zutaten für 4 Personen

1 kg mehligkochende Kartoffeln
200 g fetter Speck
100 g Mehl
100 g Grieß
50 g Speisestärke
4 Eier
Salz
1 Messerspitze geriebene Muskatnuß
Mehl zum Formen
40 g Butter

Kartoffeln unter fließendem Wasser abbürsten. In einem Topf mit Wasser bedeckt 30 Minuten kochen lassen.
In der Zwischenzeit Speck klein würfeln. In einer Pfanne glasig braten. Grieben rausnehmen und beiseite stellen. Kartoffeln abgießen, schnell abschrecken und abziehen. Durch eine Kartoffelpresse in eine Schüssel drücken. Mit Speck, Mehl, Grieß, Speisestärke, Eiern, Salz und Muskat zu einem geschmeidigen Teig kneten. Abkühlen lassen.
In einem großen Topf gesalzenes Wasser zum Kochen bringen. Aus dem Teig mit bemehlten Händen 5 cm große Klöße formen. Probekloß in das kochende Wasser geben und darin in 10 bis 15 Minuten gar ziehen lassen. Rausnehmen, abtropfen lassen und mit 2 Gabeln auseinanderreißen. Wenn er gut ist, die Klöße portionsweise wie den Probekloß gar ziehen lassen.
Klöße mit einem Schaumlöffel aus dem Wasser heben. Kurz abtropfen lassen. In einer vorgewärmten Schüssel anrichten und warm stellen, bis alle Klöße fertig sind. Butter in einer Pfanne erhitzen und bräunen. Klöße mit Butter begossen servieren.
Wozu reichen? Zu Gulasch, Rinderbraten oder Schweinebraten.

Statt Mehl, Grieß und Speisestärke können Sie auch 250g Buchweizenmehl (gibt es in Naturkostläden) nehmen.

Hühnerklöße

Huhn unter kaltem Wasser innen und außen abspülen. Wasser mit Salz und Pfeffer in einem Topf aufkochen. Huhn reingeben. In 90 Minuten gar kochen. Rausnehmen und abkühlen lassen. Hühnerbrühe in einen anderen Topf sieben. Butter oder Margarine in einem Topf erhitzen. Mehl reinstreuen. Unter Rühren durchschwitzen lassen. Unter weiterem Rühren 1/4 l heiße Hühnerbrühe zugießen. 5 Minuten kochen lassen. Vom Herd nehmen. Auch abkühlen lassen.
Kaltes Hühnerfleisch von den Knochen lösen. Fleisch und die geschälte Zwiebel durch die feine Scheibe des Fleischwolfes drehen. In eine Schüssel geben.
Kalte Mehlschwitze, saure Sahne und Eiweiß zufügen. Petersilie unter kaltem Wasser abspülen. Mit Haushaltspapier trockentupfen und fein hacken. Die Hälfte in den Fleischteig geben. Gut mischen. Mit Salz, Pfeffer, Muskat und Zitronensaft abschmecken.
1 1/2 l Hühnerbrühe in einem Topf aufkochen. Vom Fleischteig mit einem Eßlöffel Klöße abstechen. In die kochende Brühe gleiten lassen. In 15 bis 20 Minuten bei geringer Hitze gar ziehen lassen. Bitte nicht kochen, sonst zerfallen sie.
Mit einem Schaumlöffel rausnehmen. In einer vorgewärmten Schüssel anrichten. Butter in einem Topf flüssig werden lassen. Drübergießen. Mit der restlichen Petersilie bestreut servieren.
Beilagen: Grüner Salat oder Buttererbsen.

Zutaten für 4 Personen

1 küchenfertiges Suppenhuhn von 1,2 kg
2 l Wasser
Salz
weißer Pfeffer
20 g Butter oder Margarine
30 g Mehl
1/4 l heiße Hühnerbrühe
1 Zwiebel
2 Eßlöffel saure Sahne
2 Eiweiß
1 Bund Petersilie
geriebene Muskatnuß
Saft einer halben Zitrone
1 1/2 l Hühnerbrühe zum Garen
40 g Butter zum Begießen

Dithmarscher Mehlbeutel

Zutaten für 4 Personen

4 Eier
Salz
100 g weiche Butter
1/4 l Milch
300 g Mehl
2 Prisen Kardamom
200 g gemischtes Backobst (Rosinen, Korinthen, Backpflaumen)

Die Eier trennen. Die weiche Butter schaumig rühren, mit Eigelb, Salz und Milch verrühren. Das durchgesiebte Mehl und Kardamom untermischen. Eiweiß zu steifem Schnee schlagen und unterheben. Eine Schüssel mit einer kalt ausgespülten Serviette auslegen, das Backobst auf die Serviette füllen und den Teig darübergeben. Die Serviette so zusammenbinden, daß sich der Teigkloß noch ausdehnen kann.
In einem genügend großen Kochtopf Wasser zum Kochen bringen. Den Serviettenkloß an einem Kochlöffelstiel in das leicht kochende Wasser hängen und bei kleiner Hitze in ca. 2 Stunden gar ziehen lassen. Verdunstet während der Kochzeit zuviel Wasser, kochend heißes Wasser in den Topf nachfüllen.
Den fertigen Mehlbeutel aus der Serviette auf eine flache, vorgewärmte Schüssel stürzen.

Noch origineller wird das Rezept, wenn Sie in das Kochwasser 500 g geräucherte Schweinebacke geben und mit dem Mehlbeutel mitgaren.
Die Schweinebacke schneidet man in Scheiben und ißt sie mit dem Mehlbeutel, dann reicht man außerdem Senfsoße dazu. Wird er als süßes Hauptgericht verzehrt, wird geschmolzene Butter und Zucker dazu serviert.

Einfache Buchweizengrütze

Buchweizen erhalten Sie als ganze Körner oder als Grütze im Reformhaus oder in Naturkostläden. Wenn Sie selbst eine Getreidemühle haben, können Sie die ganzen Körner selbst mahlen und die Stärke der Grütze bestimmen.

Zutaten für 4 Personen

250 g Buchweizengrütze
1 l Wasser
Salz

Das Wasser mit Salz in einen hohen Topf geben und zum Kochen bringen. Die Buchweizengrütze einrühren und bei ganz schwacher Hitze in 25–30 Minuten ausquellen lassen.
Buchweizengrütze kann man mit gebratenen Zwiebelringen belegt und mit Butter verfeinert servieren. Sie ist aber auch sehr beliebt mit Zimt und Zucker bestreut und mit heißer Milch übergossen.

Pannkoken

Aus Buchweizenmehl, Milch, Eiern, Salz und Zucker einen cremigen Pfannkuchenteig rühren. Den Teig ca. 1 Stunde zum Ausquellen stehen lassen.
Wenig Butterschmalz in einer mittelgroßen Pfanne erhitzen und darin nacheinander nicht zu große Pfannkuchen auf beiden Seiten goldgelb ausbacken. Die Pfannkuchen z. B. mit Preiselbeeren bestreichen, aufrollen und sofort servieren.

Zutaten

500 g Buchweizenmehl
1/2 l Milch
4 Eier
Salz
1 Prise Zucker
Butterschmalz zum Ausbacken

☞ Buchweizenpfannkuchen standen Pate für die heute so beliebten Blinis, die gerne mit Lachs und Kaviar verzehrt werden.

Buchweizenpfannkuchen mit Speck

Zutaten für 4 Personen

150 g Buchweizenmehl (aus dem Reformhaus)
1/2 Teelöffel Salz
1/2 l Buttermilch
1–2 Eier
100 g Schinkenspeck
Rübensirup zum Bestreichen

Das Buchweizenmehl mit dem Salz in einer Schüssel vermischen. Die Buttermilch mit dem Ei verquirlen und nach und nach mit einem Schneebesen unter das Mehl rühren, bis ein glatter Teig entsteht. Einige Stunden stehen lassen.

Den Speck in hauchdünne Scheiben schneiden. Einige Speckscheiben in einer kleinen Pfanne knusprig anbraten. Etwas Teig über den Speck geben. Hellbraun backen, vorsichtig wenden und auch die zweite Seite gar backen. Zum Warmhalten auf einen Teller geben, mit einem zweiten Teller bedecken und auf einen Topf mit kochendem Wasser stellen. Weiterbacken, bis Speck und Teig verbraucht sind.

Den Rübensirup bei Tisch auf die Buchweizenpfannkuchen streichen.

Beilage: Kopfsalat oder Friséesalat.

Anstelle von Sirup eignet sich auch Preiselbeerkompott zum Bestreichen.

Speck-Eierkuchen

Mehl in eine Schüssel geben. In die Mitte eine Mulde drücken. Eigelb, Salz, Milch und Wasser reingeben. Mit dem Schneebesen zu einem glatten Teig rühren. Zugedeckt 30 Minuten ruhen lassen. (Das Mehl kann dann richtig ausquellen.) Eiweiß in einer Schüssel steif schlagen. Unter den Teig heben.
1 Eßlöffel Öl in einer Pfanne erhitzen. Speck in dünne Scheiben schneiden. Ein Viertel der Speckscheiben im Öl 2 Minuten anbraten. Ein Viertel des Eierkuchenteiges drübergeben. Eierkuchen auf der Unterseite in 3 Minuten goldgelb backen. Auf einen Deckel gleiten lassen. Umdrehen. Auch in 3 Minuten goldgelb backen. Warm stellen, bis alle Speck-Eierkuchen gebacken sind. Auf einer vorgewärmten Platte anrichten. Mit abgespülter, trockengetupfter und zerpflückter Petersilie garniert servieren.
Beilagen: Kopfsalat in Sahnemarinade oder Rahmspinat.

Zutaten für 4 Personen

Für den Teig:
250 g Mehl
4 Eigelb
1 Prise Salz
je 1/4 l Milch und Wasser
4 Eiweiß
Zum Braten:
4 Eßlöffel Öl
120 g fetter Speck
Für die Garnierung:
1/2 Bund Petersilie

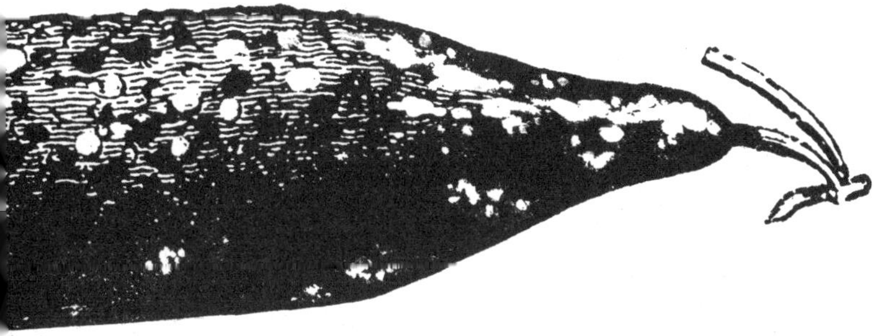

Gemüse und Salate

Vierländer Schmorgurken

Zutaten für 4 Personen

1 kg Gemüsegurken
100 g durchwachsener Speck
1 Zwiebel
1/2 Bund frischer Dill
1 Eßlöffel Butter
Salz
weißer Pfeffer
1 Teelöffel Mehl
1/8 l Sahne
Zucker
1 bis 2 Eßlöffel Essig

Schmorgurken sind ein preiswertes, schnelles und leichtes Gemüsegericht.

Gurken waschen, schälen, längs halbieren und Kerne rausschaben. In 2 cm breite Streifen schneiden. Durchwachsenen Speck würfeln. Zwiebel schälen und fein hacken. Dill abspülen und fein schneiden.
Butter im Schmortopf erhitzen. Speck und Zwiebelwürfel darin in 5 Minuten glasig werden lassen. Gurken dazugeben. Mit Salz und Pfeffer würzen. Zudecken und bei geringer Hitze 20 Minuten dünsten. Die Gurken sollten keine Farbe annehmen, deshalb eventuell etwas Wasser angießen. Gemüse mit Mehl bestäuben, verrühren und die Sahne reinmischen. Bis zum Siedepunkt erhitzen. Vom Herd nehmen. Mit Zucker und Essig abschmecken. Dill untermischen und in einer vorgewärmten Schüssel servieren.
Wozu reichen? Zu Fleisch- oder Fischfrikadellen, Kalbsbraten oder Pökelfleisch.

Große Bohnen

Die Bohnenkerne aus den Hülsen lösen und waschen. Den Schinkenspeck in kleine Würfel schneiden.
Die Frühlingszwiebeln waschen. Die große Zwiebel schälen und ebenso wie das Suppengrün in Würfel schneiden.
Das Fett in einem Schmortopf zerlassen und den Speck darin glasig braten. Die Gemüse zu dem Speck geben und kurz durchrösten. Die Bohnenkerne hinzufügen und ebenfalls leicht anschmoren.
Das Gemüse mit der Brühe aufgießen, das Bohnenkraut, Salz und Pfeffer dazugeben und die Bohnen bei mittlerer Hitze in ca. 40 Minuten gar kochen. 10 Minuten vor Ende der Kochzeit den Deckel abnehmen, damit die Flüssigkeit ganz einkocht.
Die Crème fraîche an das Gemüse geben und aufkochen lassen. Mit der Petersilie bestreut servieren.
Beilage: Neue Kartoffeln oder Mehlklöße.

Zutaten für 4 Personen

2,5 kg frische große Bohnen
150 g frischgeräucherter Schinkenspeck
20 Frühlingszwiebeln (ohne Grün)
1 große Zwiebel
1 Bund Suppengrün
1 Eßlöffel Schweineschmalz oder Öl
3/8 l Fleischbrühe
2 Stengel Bohnenkraut
Salz
schwarzer Pfeffer
2 Eßlöffel Crème fraîche
2 Eßlöffel gehackte Petersilie

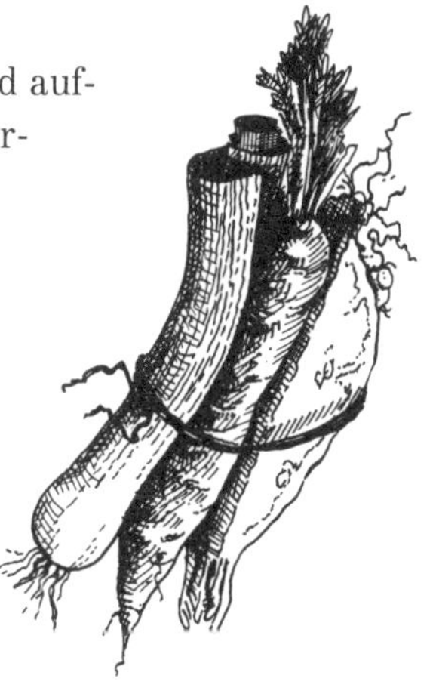

Speck-Rosenkohl

Zutaten

750 g Rosenkohl
3/8 l Wasser
Salz
50 g durchwachsener Speck
1 Zwiebel
60 g Butter
1 Scheibe Toastbrot

Aus den Vierlanden kommt in den Wintermonaten reichlich Rosenkohl auf die Gemüsemärkte. Er schmeckt am besten, wenn er den ersten Frost abbekommen hat.

Rosenkohl putzen, waschen. Auf einem Sieb abtropfen lassen. Die Strünke über Kreuz einschneiden. Wasser in einem Topf mit Salz zum Kochen bringen. Rosenkohl hineingeben. Bei schwacher Hitze 15 Minuten zugedeckt kochen lassen. Auf ein Sieb geben. Abtropfen lassen.
Speck fein würfeln. Zwiebel schälen, ebenfalls klein würfeln. 40 g Butter in einem großen, flachen Topf erhitzen, Speck- und Zwiebelwürfel hineingeben und goldgelb braten. Rosenkohl dazugeben und durchschwenken.
Restliche Butter in einer anderen Pfanne erhitzen. Vom Toastbrot die Rinde abschneiden. Brot ganz fein würfeln. In die Pfanne geben und rösten. Rosenkohl in einer Schüssel anrichten. Geröstete Brotwürfel darübergeben.
Wozu reichen? Zu Kasseler Braten, Frikadellen oder kurzgebratenem Fleisch.

Gestovte Erbsen

Unter „gestovt“ versteht man im Norden, daß das Gemüse mit etwas Mehl angedickt wurde.

Die Erbsen waschen und in wenig Salzwasser garen. Über die fertigen Erbsen das Mehl stäuben und die Milch oder Sahne angießen. Alles etwas durchköcheln. Nach Belieben Butter in Flöckchen unterziehen.
Die Erbsen mit Salz und Zucker abschmecken und mit gehackter Petersilie bestreut auftragen.
Beilage zu feinen Kalbfleischgerichten oder kurzgebratenen Steaks. Paßt auch zu Fischgerichten oder Eierspeisen.

Für diese Zubereitungsart eignen sich auch andere Gemüse, z. B. junge Möhren, Blumenkohl, Spargel oder grüne, geschnippelte Bohnen.

Zutaten für 4 Personen

500 g frisch ausgepalte Erbsen
Sulz
1 Eßlöffel Mehl
1/4 l Milch oder
4 Eßlöffel Sahne
40 g Butter (nach Belieben)
Zucker
1 Bund Petersilie

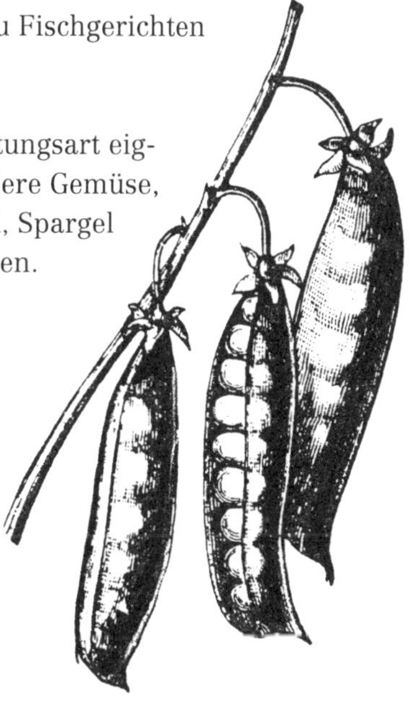

Helgoländer Spargel

Zutaten für 4 Personen

1,5 kg weißer Spargel
120 g Butter
Salz
1 Teelöffel Zucker
1/4 l heißes Wasser
3 hartgekochte Eier
2 Bund Petersilie

Spargel mit gehacktem Ei und zerlassener Butter findet sich in vielen Variationen der internationalen Küche. Beim Helgoländer Spargel aber wird der Butter ganz besondere Sorgfalt gewidmet. Sie soll frisch und würzig sein wie Sommerbutter. In der Pfanne wird sie langsam gebräunt, bis sie die goldbraune Farbe von Haselnüssen hat. Sie vollendet das Aroma frischen Spargels.

Spargel waschen und abtropfen lassen. Vom Kopf her schälen. Die holzigen Enden abschneiden. 20 g Butter in einem länglichen Topf erhitzen. Spargel reinschichten. Mit Salz und Zucker bestreuen. Mit Wasser übergießen. Wasser aufkochen lassen. Spargel zugedeckt 20 Minuten dünsten lassen.
In der Zwischenzeit Eier schälen. Eigelb vom Eiweiß trennen. Beides getrennt fein hacken. Petersilie waschen und hacken.
Spargel aus dem Wasser nehmen und abtropfen lassen. Auf einer vorgewärmten Platte anrichten. In der Mitte längs einen Streifen Eigelb darauf streuen. Zu beiden Seiten einen Streifen Eiweiß und daneben je einen Streifen Petersilie.
Restliche Butter in einer Pfanne etwa 3 Minuten erhitzen, bis sie goldbraun ist. Butter über den Spargel gießen und sofort servieren.
Beilagen: Holsteiner Katenrauchschinken und neue kleine Kartoffeln.

Linsen mit Backpflaumen

Zutaten für 4 Personen

375 g Linsen
1 1/4 l Wasser
200 g Backpflaumen
1/2 l Wasser
einige Speck- oder Schinkenschwarten
1 Bund Suppengrün
Salz
schwarzer Pfeffer
1/2 Teelöffel Thymian
3 Eßlöffel Weinessig
1 Prise Zucker
75 g durchwachsener Speck
2 Zwiebeln
1 Eßlöffel Öl
1 Bund Petersilie

An der Waterkant werden Linsen gern mit Backpflaumen zubereitet. Sie sollten dieses Rezept mal probieren. Es schmeckt ausgezeichnet.

Linsen am Vorabend in einem Sieb unter fließendem Wasser waschen. Mit der angegebenen Wassermenge in einem Topf einweichen. Backpflaumen ebenfalls in einer Schüssel mit Wasser übergießen und über Nacht stehenlassen.
Am nächsten Tag Linsen mit Einweichwasser und den abgespülten Schwarten in dem Topf zum Kochen bringen. Suppengrün putzen, waschen, abtropfen lassen, kleinschneiden und in den Topf geben. Linsen 45 Minuten bei schwacher Hitze garen. Backpflaumen in einem anderen Topf mit dem Einweichwasser 30 Minuten leise kochen lassen. Dann das Pflaumenwasser auf die Linsen gießen und alles noch 15–20 Minuten weiterköcheln. Linsen mit Salz, Pfeffer, Thymian, Weinessig und Zucker würzen. Schwarten rausnehmen. Inzwischen Speck würfeln. Zwiebeln schälen und hacken. Öl in einer Pfanne erhitzen. Speckwürfel darin in 3 Minuten anbraten. Gehackte Zwiebeln zufügen, in weiteren 3 Minuten goldgelb anrösten. Petersilie abbrausen, trockentupfen und hacken. Speck, Zwiebeln und Petersilie unter die Linsen mischen.
Linsen in einer vorgewärmten Schüssel anrichten. Mit Backpflaumen umlegen. Sofort servieren.
Beilage: Rauch- oder Schinkenwürstchen und Salzkartoffeln.
Als Getränk: Bier. Und wegen der besseren Verträglichkeit gut gekühlten Korn.

Rote Bete-Gemüse

Zutaten für 4 Personen

750 g Rote Bete
Salz
200 g durchwachsener Schinkenspeck
1/4 Stange Meerrettich
40 g Butter
125 g Sahne
1 Eßlöffel Rotweinessig
1 Teelöffel Zucker

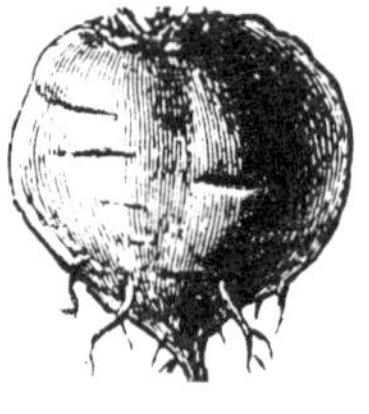

Von den Rote Bete-Knollen den Strunk abschneiden und sie gründlich unter fließendem Wasser abbürsten. In reichlich Salzwasser in 30 Minuten halb gar kochen. Mit kaltem Wasser abschrecken und die Schale abziehen.
Die Roten Beten durch den Fleischwolf drehen oder in der Küchenmaschine nicht zu fein zerkleinern. Den Schinkenspeck in kleine Würfel schneiden. Die Meerrettichstange auf der feinen Seite der Rohkostreibe raffeln.
Die Butter in einem Topf zerlassen und die Speckwürfel darin anbraten. Die Roten Beten hinzufügen und bei mittlerer Hitze unter gelegentlichem Umrühren gar kochen.
Meerrettich, Sahne und Salz hinzufügen und nochmal aufkochen lassen. Mit Essig und Zucker abschmecken. Nach Belieben mit einem Klacks saurer Sahne garnieren.
Wozu reichen? Zu gekochtem Rindfleisch, Schweinebraten oder Fischfrikadellen.

Gedünstete Kohlrüben

Die Kohlrübe schälen, waschen, abtropfen lassen und klein würfeln. Speck auch würfeln. Margarine und Schweineschmalz in einem Topf erhitzen. Speck darin 5 Minuten anbraten. Geschälte, gewürfelte Zwiebeln zugeben. Hellbraun braten. Zucker und Kohlrübenwürfel reingeben. 5 Minuten anbraten. Heißes Wasser angießen. Mit Salz und Pfeffer kräftig würzen. Heiße Fleischbrühe zugießen. Bei geschlossenem Topf in 45 Minuten gar kochen.
Petersilie waschen, trockentupfen und hacken. Die Hälfte der Petersilie mit der Sahne zu den Kohlrüben geben. Abschmecken, bis zum Siedepunkt erhitzen und in einer vorgewärmten Schüssel anrichten. Restliche Petersilie drüberstreuen. Sofort servieren.
Wozu reichen? Zu Bratwurst und Salzkartoffeln.

Zutaten für 4 Personen

1 Kohlrübe (Steckrübe) von 1 kg
65 g durchwachsener Speck
je 20 g Margarine und Schweineschmalz
2 Zwiebeln
20 g Zucker
1/8 l heißes Wasser
Salz
weißer Pfeffer
1/4 l heiße Fleischbrühe
1 Bund Petersilie
1/8 l Sahne

Kohlrüben haben aus Kriegs- und Nachkriegszeiten einen schlechten Ruf. Aber unverdient. Denn Kohl-, Steckrüben oder Wrunken schmecken pikant. Vorausgesetzt, sie werden richtig zubereitet.
Die dicken, schweren Knollen mit der bräunlichen Außenschale und dem gelblichen Fleisch wiegen durchschnittlich 1 kg.

Grünkohlgemüse

Zutaten für 4 Personen

1 kg tiefgekühlter oder
2 kg frischer Grünkohl
2 l Wasser
Salz
1 Zwiebel
50 g Schweineschmalz
1/2 l heiße Fleischbrühe aus Würfeln
weißer Pfeffer
1 Prise Zucker

Tiefgekühlten Grünkohl nach Vorschrift zubereiten. Frischen in reichlich Wasser waschen. Blätter von den Stielen streifen.
Wasser mit Salz in einem großen Topf aufkochen. Grünkohl reingeben. 10 Minuten ziehen lassen, bis die Blätter zusammengefallen sind. Abtropfen lassen. Grob hacken.
Zwiebel schälen und klein würfeln. Schweineschmalz in einem Topf erhitzen, Zwiebelwürfel darin glasig werden lassen. Grünkohl reingeben. Heiße Fleischbrühe einfüllen. Salz, Pfeffer und Zucker zugeben, umrühren und in 60 Minuten gar kochen. Abschmecken und servieren.
Wozu reichen? Zu Gänse- oder Entenbraten, Kasselerbraten oder Gänseklein mit Kartoffelklößen.

Grüner Salat Hamburger Art

Zutaten für 4 Personen

2 Stauden grüner Kopfsalat
Für die Marinade:
1/4 l Sahne
1 Zwiebel
1 Bund Petersilie
2 gute Prisen Zucker
Salz
weißer Pfeffer
Saft von 1 Zitrone

Die beiden Salatstauden putzen und die Blätter ablösen. Die Salatherzen ganz lassen. Die Blätter etwas zerkleinern und nach dem Waschen gut trockenschleudern.
Für die Marinade die Sahne mit der feingewiegten Zwiebel und Petersilie verrühren. Mit Zucker, Salz, Pfeffer und Zitronensaft süßsauer abschmecken. Die Marinade locker mit den Salatblättern mischen und den Salat sofort servieren.
Beilage zu kurzgebratenem Fleisch, aber auch zu Klößen mit Specksoße.

Karamelisierte Röstkartoffeln

Süße Röstkartoffeln sind eine besondere hanseatische Spezialität. Der Versuch lohnt sich!

Die Kartoffeln mit Wasser bedecken und in der Schale garen. Nach dem Abdämpfen sofort schälen.
Die Butter in einer weiten Pfanne erhitzen und die Kartoffeln hineingeben. Mit etwas Salz bestreuen und unter ständigem Umwenden und Rütteln der Pfanne von allen Seiten goldgelb braten. Dann mit dem Zucker bestreuen und so lange weiterbraten, bis die Kartoffeln von allen Seiten glänzend braun sind. Sofort servieren.
Beilage zu Wildgerichten oder zu Gemüse wie Steckrüben oder Rosenkohl.

Zutaten für 4 Personen

750–800 g kleine Kartoffeln (möglichst gleichgroße)
50 g Butter
Salz
1 Eßlöffel Staubzucker

Béchamelkartoffeln

Kartoffeln gründlich waschen. Mit kaltem Wasser bedeckt aufsetzen. 30 Minuten garkochen. Pellen und in Scheiben schneiden.
Während die Kartoffeln kochen, die Béchamel-Soße zubereiten. Butter im Topf erhitzen. Schinken- und Zwiebelwürfel darin bräunen. Mehl reinrühren. Brühe und Milch dazugießen. 10 Minuten leicht köcheln lassen. Durchsieben. Mit Salz und Pfeffer abschmecken. Schnittlauch kleinschneiden. Dazugeben. Béchamel-Soße mit den Kartoffelscheiben mischen.
Wozu reichen? Zu Bratwürstchen oder Frikadellen.

Zutaten für 4 Personen

800 g neue Kartoffeln
Für die Soße:
40 g Butter
40 g Schinkenwürfel
1 gewürfelte Zwiebel
40 g Mehl
1/4 l Fleischbrühe
1/4 l Milch
Salz
Pfeffer
1 Bund Schnittlauch

Grünkohl holsteinisch

Zutaten für 4 Personen

1 kg tiefgekühlter oder
2 kg frischer Grünkohl
1 l Wasser
Salz
Nelkenpfeffer
schwarzer Pfeffer
1 Prise Zucker
1 Eßlöffel Haferflocken
250 g gesalzenes Schweinefleisch (am besten Rippchen)
250 g durchwachsener Speck
1 Eßlöffel Schweineschmalz
4 Mettwürstchen (400 g)

In Schleswig-Holstein liebt man die deftige Küche. Der Grünkohl, wie man ihn dort kocht, steckt voller Kalorien. Außerdem werden die Blätter nicht gehackt. Original kommen geräucherte Schweinsohren hinein. Da es die nicht immer gibt, empfehlen wir durchwachsenen Speck.

Tiefgekühlten Kohl nach Vorschrift zubereiten. Frischen in viel Wasser gründlich waschen. Blätter von den Stielen streifen. In einen Topf geben. Mit reichlich kochendem Wasser übergießen (blanchieren). Abtropfen lassen.
1 l Wasser in einem großen Topf erhitzen. Grünkohl unzerkleinert reingeben. Mit Salz, Nelkenpfeffer, schwarzem Pfeffer und einer Prise Zucker würzen. 1 Eßlöffel Haferflocken draufstreuen. Das abgespülte und trockengetupfte Schweinefleisch und den durchwachsenen Speck im Stück drauflegen. Schweineschmalz reingeben. In 60 Minuten gar kochen, die letzten 30 Minuten bei geschlossenem Topf. 10 Minuten vor Ende der Garzeit die Mettwürstchen darin erhitzen. Abschmecken. Grünkohl und Fleisch auf einer vorgewärmten Platte anrichten.
Beilage: Salzkartoffeln und scharfer Senf.

Eingelegte Rote Bete

Eingelegte Rote Bete erfreuen sich im hanseatischen Raum großer Beliebtheit. Sie werden als Beilage zu Pökelfleisch, Fleisch- oder Fischfrikadellen oder zum Labskaus gereicht. – Ein Vorrat, der sich schnell machen läßt und bei kühler Aufbewahrung mehrere Monate hält.

Zutaten für 4 Personen

1 kg Rote Bete
1 l Wasser
Salz
2 Äpfel
3 Zwiebeln
10 Pfefferkörner
6 Gewürznelken
1 Lorbeerblatt
Für die Essig-Zucker-Lösung:
1/2 l Wasser
3/8 l Weinessig (5%ig)
80 g Zucker
Salz

Wurzeln und Blätter der Roten Bete bis auf etwa 2 cm abschneiden, damit die Knollen beim Kochen nicht ausbluten. Gründlich unter fließendem kaltem Wasser bürsten.
Wasser mit Salz in einem Topf aufkochen. Die Roten Bete reingeben. Aufkochen lassen und in 80 Minuten bei schwacher Hitze garen. Rausnehmen. Mit kaltem Wasser abschrecken. Abkühlen lassen. Schälen. Mit einem Buntmesser in Scheiben schneiden. Äpfel schälen, vierteln, Kerngehäuse entfernen. Äpfel würfeln.
Zwiebeln schälen. In dünne Scheiben schneiden. Rote Bete, Äpfel und Zwiebeln abwechselnd in einen Steintopf oder in ein Einmachglas schichten, vermischt mit Pfefferkörnern, Gewürznelken und dem Lorbeerblatt.
Wasser, Essig, Zucker und Salz in einem Topf aufkochen. Heiß über die Roten Bete in den Steintopf (oder ins Glas) gießen. Nach dem Abkühlen mit Einmachcellophan verschließen. Bis zum Gebrauch kühl aufbewahren.

Fruchtige Desserts und Cremes

Hamburger Götterspeise

Zutaten für 4 Personen

750 g Preiselbeeren
240 g Zucker
Saft einer Zitrone
1 Stück Zimt
10 Scheiben Pumpernickel (250 g)
1/2 l Sahne
1 Päckchen Vanillinzucker
30 g gehackte Pistazien
60 g Borkenschokolade

Preiselbeeren verlesen. Mit kaltem Wasser waschen. Mit Zucker, Zitronensaft und Zimt in einen Topf geben und 20 Minuten offen kochen lassen, so daß ein Teil der Flüssigkeit dabei verdampft. Abkühlen lassen. Zimt herausnehmen. Pumpernickelscheiben in kleine Stücke brechen. Mit den Händen fein zerkrümeln.
Sahne mit dem Vanillinzucker in einem Topf steif schlagen. 4 Glasschalen oder hohe Gläser schichtweise mit Brotkrumen, Preiselbeeren mit wenig Saft und Schlagsahne füllen. Letzte Schicht: Schlagsahne.
Schälchen 60 Minuten in den Kühlschrank stellen. Götterspeise mit Pistazien bestreuen und mit kleingeschnittener Borkenschokolade garniert servieren.

Weinschaumsoße

Zutaten für 4 Personen

4 Eigelb
125 g Zucker
etwas abgeriebene Schale von 1 unbehandelten Zitrone Mandarine oder Orange
1/8 l Weißwein, Portwein oder Madeira

Die Eigelbe mit dem Zucker und der Zitrusschale in einer Schüssel mit dem Schneebesen oder Handrührgerät zu einer Creme verrühren und nach und nach unter weiterem Rühren den Wein hinzugeben.
Die Schüssel auf ein Wasserbad setzen und die Eigelbmasse unter ständigem Schlagen zu einer dickflüssigen Creme werden lassen. Sobald sie dick zu werden beginnt, aus dem Wasserbad nehmen und noch etwas weiterschlagen.
Die Weinschaumsoße in Gläser oder eine Saucière füllen und sofort auftragen.

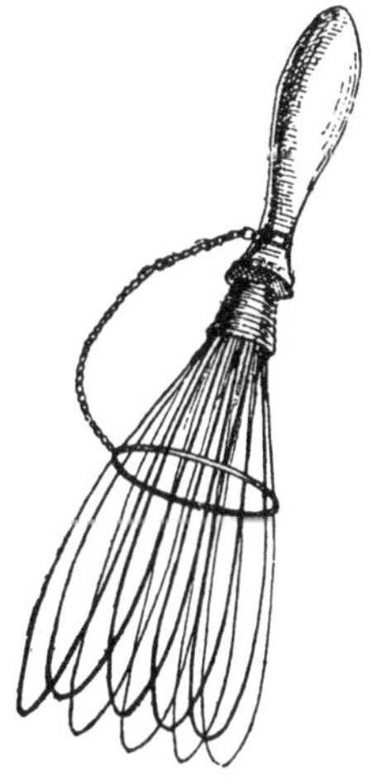

Soll die Weinschaumcreme kalt serviert werden, wird sie bis zum Erkalten weitergeschlagen, damit sie nicht zusammenfällt.
Die Weinschaumsoße kann auch bei leichter Hitze und unter ständigem Schlagen mit dem Schneebesen in einer dickwandigen Kasserolle zubereitet werden. Sie darf nur bis kurz vor dem Aufkochen erhitzt werden, sonst gerinnt sie.

Verschleiertes Bauernmädchen

Zutaten für 4 Personen

250 g Schwarzbrot
40 g Butter
500 g säuerliche Äpfel, z. B. Boskop
Zucker nach Belieben
100 g geriebene Mandeln
200 g Zartbitterschokolade
1/4 l Sahne

Das möglichst altbackene Schwarzbrot (es darf ruhig grobkörniges Vollkornbrot sein) fein zerkrümeln. Die Butter in einer Pfanne schmelzen und die Brotkrümel darin anrösten, dann zum Abkühlen beiseite stellen.
Äpfel schälen, vierteln, entkernen und mit wenig Wasser und Zucker nach Geschmack durchkochen. Anschließend durch ein Sieb rühren. Das Apfelmus mit Rum und Zucker abschmecken. Mandeln unterheben. Die Schokolade grob reiben und die Sahne sehr steif schlagen. Beides miteinander vermischen.
Gekühlte Portionsgläser bereitstellen und nun abwechselnd Brotkrümel, Apfelmus und Schokosahne einfüllen. Die letzte Schicht sollte Sahne sein. Das Dessert gut gekühlt servieren.

Rote Grütze

Zutaten für 4 Personen

375 g rote Johannisbeeren
250 g Himbeeren
3/4 l Wasser
250 g Zucker
1/4 Vanilleschote
250 g entsteinte Sauerkirschen
60 g Stärkemehl

Die gewaschenen roten Johannisbeeren entstielen, die Himbeeren nur waschen. Mit 1/2 l Wasser bedeckt beide Beerensorten 5 Minuten kochen lassen.
Die Früchte mit dem Saft durch das Sieb in einen Topf streichen. Das Fruchtmus (es soll ca. 3/4 Liter sein) mit dem Zucker und der aufgeschlitzten Vanilleschote zum Kochen bringen. Die Sauerkirschen hinzufügen.
Die Stärke mit dem restlichen Wasser glattrühren. Unter ständigem Rühren an die kochende Fruchtmasse geben. Einige Male aufwallen lassen. Die Grütze in kalt ausgespülte Förmchen füllen und mit etwas Zucker bestreuen, damit sich keine Haut bildet.
Beilage: Vanillesoße, kalte Milch oder eisgekühlte Sahne.

Backobstkompott

Zutaten für 4 Personen

250 g Backobst
1/2 l Wasser
4 Eßlöffel Zucker
Schale einer halben Zitrone
1 gestrichener Teelöffel Speisestärke

Trockenobst waschen. Über Nacht in 1/2 l Wasser einweichen. Obst rausnehmen. Wasser mit Zucker und Zitronenschale aufkochen. Obst reingeben und bei schwacher Hitze 20 Minuten garen.
Speisestärke mit kaltem Wasser anrühren. Ins Kompott geben und kurz aufkochen.
Wozu reichen? Backobstkompott ist die ideale Beilage zu Hefe- oder Kartoffelklößen, Sauerbraten, Schmorbraten oder Pfannkuchen.

Sahne-Bratapfel

Ein Dessert für kalte Wintertage, das mit seinem lieblichen Duft das ganze Haus erfüllen und längst versunkene Kindheitserinnerungen wecken wird.

Zutaten für 4 Personen

4 Boskop-Äpfel
4 Teelöffel Butter
1/4 l Sahne
1 Päckchen Vanillinzucker

Äpfel waschen und abtrocknen. Blüten und Stiele entfernen. Kerngehäuse ausstechen. Ein Backblech mit etwas Butter einfetten. Die Äpfel aufs Blech stellen und die restliche Butter in Flöckchen auf die Ränder der Aushöhlungen verteilen. In den vorgeheizten Ofen auf die mittlere Schiene schieben und die Äpfel 15 Minuten bei 220 Grad braten.
In der Zwischenzeit Sahne mit Vanillinzucker in einer Schüssel steif schlagen und in den Kühlschrank stellen. Bratäpfel rausnehmen. Sofort servieren. Sahne getrennt dazu reichen.

Sie können die Sahne-Bratäpfel darüber hinaus vielfach variieren.
Füllen Sie die Aushöhlungen mit rumgetränkten Rosinen, kandierten oder Rumtopf-Früchten und blättrig geschnittenen Mandeln, Haselnüssen oder mit Honig. Sehr fein ist auch die Füllung mit Zucker und Zimt; dann aber die Schlagsahne nicht mit Vanillinzucker süßen. Sonst wird's zu süß.

Welfenspeise

Zutaten für 4 Personen

1/2 l Milch
5 gehäufte Eßlöffel Zucker
1/2 Vanilleschote
1 Stück Schale von einer unbehandelten Zitrone
1 Prise Salz
45 g Stärkemehl
4 Eier, getrennt
1/2 l Weißwein

Die Milch mit 1 gehäuften Eßlöffel Zucker, der aufgeschlitzten Vanilleschote, der Zitronenschale und dem Salz zum Kochen bringen. Die Stärke mit etwas kalter Milch anrühren, dann unter Rühren in die kochende Flüssigkeit gießen und bei leichter Hitze einige Male aufkochen lassen. Vom Herd nehmen, abkühlen lassen.
Eiweiß sehr steif schlagen und unter die noch heiße Creme ziehen. Sofort in eine Glasschüssel oder in 4 gläserne Portionsschalen füllen.
Eigelb und restlichen Zucker in einer Porzellanschüssel zu einer dicklichen Creme verrühren und unter weiterem Rühren den Wein hinzugeben. Die Schüssel auf ein Wasserbad setzen und unter ständigem Schlagen zu einer dickflüssigen Creme werden lassen. Vom Herd nehmen und noch etwas weiterschlagen, bis sie leicht abgekühlt ist. Über die Eiweißcreme füllen und vor dem Auftragen noch 1 Stunde in den Kühlschrank geben.

Man kann die weiße und die gelbe Creme auch schichtweise in Gläser füllen. Das sieht sehr dekorativ aus.

Schnee-Eier auf Vanillecreme

Zutaten für 4 Personen

6 ganz frische Eier, getrennt
200 g Zucker
$^3/_4$ l Milch
1 Stück Vanilleschote
Salz

Eigelb und 150 g Zucker mit dem Schneebesen zu einer dicken, schaumigen Creme rühren. Die Milch mit der aufgeschlitzten Vanilleschote in einer dickwandigen Kasserolle zum Kochen bringen, dann gleich vom Herd nehmen. Unter Schlagen mit dem Schneebesen mit der Eigelbmasse vermischen. Die Eiermilch wieder auf den Herd stellen und bei leichter Hitze unter ständigem Schlagen dicklich werden lassen. Sie darf nicht zum Kochen kommen. Sofort vom Herd nehmen, in eine Schüssel mit Eiswürfeln setzen und unter häufigem Schlagen erkalten lassen. In eine große Glasschüssel gießen.

Eiweiß mit einer Prise Salz sehr steif schlagen. Den restlichen Zucker hinzufügen und noch einmal gründlich schlagen, damit der Eischnee wieder ganz fest wird.

Einen flachen Topf mit Wasser zum Kochen bringen. Mit zwei Eßlöffeln größere Klößchen vom Eischnee abstechen und in das Wasser setzen. 45 Sekunden leicht kochen lassen und vorsichtig wenden. Nach weiteren 30 Sekunden vorsichtig mit einem Schaumlöffel herausheben und gut abgetropft direkt auf die Vanillecreme in der Glasschale setzen.

Man kann als Garnitur etwas Zucker karamelisieren und fadenförmig über die Klößchen ziehen.

Kuchen und Gebäck

Heißwecken

Zutaten für 15 Stücke

Für den Teig:
375 g Mehl
25 g Hefe
1/8 l Milch
50 g Zucker
100 g Korinthen
40 g Margarine
1 Ei
1 Prise Salz
je 1 Messerspitze Kardamom und geriebene Muskatnuß
50 g schnittfeste Butter
Margarine zum Einfetten
Mehl zum Formen
Zum Bestreichen:
1 Eigelb
2 Eßlöffel Milch

Mehl in eine Schüssel geben, in die Mitte eine Mulde drücken. Hefe reinbröckeln. Milch in einem Topf erwärmen. In die Mulde gießen. Mit etwas Zucker und Mehl verrühren.
Mit wenig Mehl vom Rand bestäuben. Schüssel mit einem Küchentuch bedecken und den Teig an einem warmen Ort 30 Minuten gehen lassen.
Korinthen mit kochendem Wasser begießen. Nach 5 Minuten auf ein Sieb schütten, gut abtropfen lassen. Margarine zerlassen. Mit den Korinthen, dem restlichen Zucker, Ei, Salz, Kardamom und Muskat in den Teig rühren. Teig mit der Hand oder dem Knethaken des Handrührgeräts so lange kneten, bis sich Blasen bilden. Die Butter in dünne Scheiben schneiden und in den Teig kneten, bis er ganz geschmeidig ist.
Backblech einfetten. Mit bemehlten Händen aus dem Teig 15 runde Brötchen formen und in großem Abstand auf das Blech setzen. Mit einem Küchentuch bedeckt noch mal 30 Minuten gehen lassen.
Eigelb mit Milch verquirlen. Brötchen damit bestreichen. Backblech auf die Mittelschiene in den vorgeheizten Ofen schieben und die Heißwecken 35 Minuten bei 180 Grad backen.
Wann reichen? Als Brötchen zum sonntäglichen Brunch oder als Kaffee- oder Teegebäck.

Butterkuchen

Der Butterkuchen ist entlang der ganzen Nordseeküste zu Hause. Manche bestreuen ihn nur mit Zucker, manche mit Zucker und Zimt. Und die Feinschmecker mit Zucker, Zimt und Mandeln. Sie können ihn nach Wunsch zubereiten. Klassisch wird er ohne Mandeln gemacht. Aber Butterflöckchen müssen immer vorher auf den Teig.

Zutaten

Für den Teig:
500 g Mehl
30 g Hefe
1 Teelöffel Zucker
1/4 l lauwarme Milch
1 Prise Salz
100 g Butter
75 g Zucker
Für den Belag:
65 g Butter
100 g Zucker
1 Eßlöffel Zimt
100 g blättrige Mandeln

Mehl in eine Schüssel geben. In die Mitte eine Mulde drücken. Hefe reinbröckeln. Mit 1 Teelöffel Zucker, etwas Milch und Mehl einen Vorteig rühren. 15 Minuten gehen lassen. Restliche Milch und Salz zugeben. Butter in Flöckchen draufgeben. Zucker drüberstreuen. Zu einem glatten Teig verarbeiten. Schlagen, bis er glänzt und Blasen wirft. Dann auf einem gefetteten Backblech ausrollen. Nochmal 20 Minuten aufgehen lassen.
Für den Belag die Butter in Flöckchen auf den Teig verteilen. Zucker, Zimt und Mandeln mischen. Über den Kuchen streuen. In den vorgeheizten Ofen schieben und den Kuchen 20 Minuten bei 220 Grad backen.
Nach dem Abkühlen in Quadrate schneiden und zum Kaffee oder Tee reichen.

Klöben

Zutaten

1 kg Mehl
50 g Hefe
150 g Zucker
3/8 l lauwarme Milch
125 g Butter oder Margarine
1 Prise Salz
1 Ei
250 g Sultaninen
100 g gewürfeltes Zitronat
Margarine zum Einfetten

Klöben gehört zum traditionellen Hamburger Sonntagmorgen-Frühstück. Man schneidet ihn in Scheiben, bestreicht diese mit Butter und genießt sie.

Mehl in eine Schüssel geben. In die Mitte eine Mulde drücken. Hefe reinbröckeln, 1 Eßlöffel Zucker draufstreuen. Mit etwas lauwarmer Milch und Mehl vom Rand zu einem Vorteig verrühren. 15 Minuten zugedeckt gehen lassen. Restlichen Zucker, restliche Milch, Butter oder Margarine in Flöckchen, Salz und Ei reinkneten. Teig gut schlagen, damit er locker wird. Noch mal 30 Minuten zugedeckt gehen lassen. Dann die gewaschenen Sultaninen und das Zitronat reinkneten.
Backblech mit Margarine einfetten. Teig zu einem länglichen flachen Brot formen. In die Mitte der Länge nach eine Mulde eindrücken. Eine Seite über die andere schlagen und nach innen rollen. Noch 15 Minuten gehen lassen. In den vorgeheizten Ofen auf die untere Schiene schieben und den Klöben 70 Minuten bei 180 Grad backen.
Brot rausnehmen und abkühlen lassen.

Hanseatischer Wickelkuchen

Mehl in eine Schüssel geben. Mulde in die Mitte drücken. Hefe reinbröckeln, Zucker draufstreuen. Mit etwas Mehl zum Vorteig verrühren. Mit Mehl bestäuben. 15 Minuten gehen lassen.
Mit der restlichen Milch, Zucker, Vanillinzucker, Zitronenschale, Salz, Margarine in Flöckchen und Eiern zu einem weichen Teig kneten. Teig locker und geschmeidig schlagen. Zugedeckt 20 Minuten gehen lassen.
Für die Füllung Mandeln, Zitronat, Orangeat, Zucker, aufgeschlagenes Ei, Sahne, Zimt, Zitronenschale und Ingwerpulver mischen.
Arbeitsfläche mit Mehl bestäuben. Teig darauf zu einem Rechteck von 40 × 50 cm ausrollen. Mit der Füllung belegen. (Ränder 1 cm breit freilassen.) Aufrollen. Napfkuchenform einfetten. Teigrolle reinlegen. Noch mal zugedeckt 10 Minuten gehen lassen. In der Ofenmitte 55 Minuten bei 200 Grad backen.
Den erkalteten Kuchen stürzen und mit Puderzucker bestreuen.

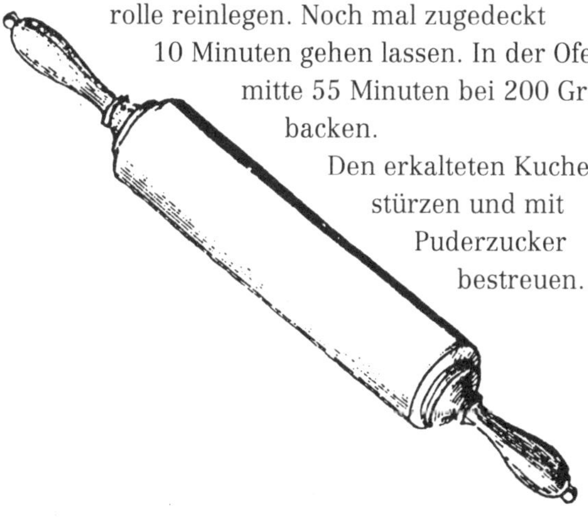

Zutaten

600 g Mehl
60 g Hefe
1 Teelöffel Zucker
knapp 1/4 l lauwarme Milch
100 g Zucker
1 Päckchen Vanillinzucker
abgeriebene Schale einer Zitrone
1 Prise Salz
200 g Margarine
2 Eier
Für die Füllung:
100 g gehackte Mandeln
je 100 g Zitronat und Orangeat
150 g Zucker
1 Ei
6 Eßlöffel Sahne
1 Teelöffel Zimt
abgeriebene Schale einer halben Zitrone
1 Messerspitze Ingwerpulver
Mehl zum Ausrollen
40 g Margarine zum Einfetten
30 g Puderzucker zum Bestäuben

Hummelkuchen

Zutaten

Für den Teig:
250 g Margarine
200 g Zucker
1 Prise Salz
1 Päckchen Vanillinzucker
6 Eier
300 g Mehl
1 Päckchen Backpulver
6 Eßlöffel Sahne
Margarine zum Einfetten
Für den Belag:
150 g Margarine
200 g blättrige Mandeln
200 g Zucker
3 Eßlöffel Sahne
4 Eßlöffel Mehl

Dieser Kuchen trägt den Namen von Hamburgs liebstem Original, dem Wasserträger Hummel. So bäckt man Hummelkuchen:

Margarine in einer Schüssel mit Zucker, Salz und Vanillinzucker schaumig rühren. Nach und nach die Eier zugeben. Mehl mit Backpulver mischen. Unterrühren. Die Sahne auch. Backblech einfetten. Teig darauf verteilen. Glattstreichen. Offene Seite mit Alufolie belegen, damit der Teig nicht runterlaufen kann. Backblech in den vorgeheizten Ofen auf die mittlere Schiene schieben und den Kuchen 10 Minuten bei 200 Grad backen.
Für den Belag Margarine in einem Topf erhitzen. Unter Rühren Mandeln, Zucker, Sahne und Mehl 5 Minuten durchschwitzen lassen. Kuchen aus dem Ofen nehmen. Mandelmasse draufstreichen, wieder in den Ofen schieben. Bei derselben Temperatur weitere 15 Minuten backen.
Blech aus dem Ofen nehmen. Kuchen in 6 × 6 cm große Stücke schneiden und auf eine Glasplatte legen.

Vierländer Apfeltorte

Die aromatischen Vierländer Äpfel aus dem Marschgebiet nahe Hamburg geben dieser Obsttorte aus feinem Rührteig das besondere Aroma. Natürlich können Sie auch andere schmackhafte und saftige Apfelsorten verwenden.

Zutaten für 16 Stücke

1 kg Vierländer Äpfel
250 g Butter
250 g Zucker
abgeriebene Schale einer Zitrone
5 Eier
500 g Mehl
1 Päckchen Backpulver
1/8 l Milch
Margarine zum Einfetten
50 g Zucker zum Bestreuen

Äpfel waschen, achteln, schälen und entkernen. In einer Schüssel mit einem nassen Küchentuch bedeckt beiseite stellen.
Butter in Flöckchen in eine Schüssel geben. Zucker, abgeriebene Zitronenschale, Eier, Mehl und Backpulver drübergeben. Milch zugießen. Alles auf höchster Schaltstufe mit dem Handrührgerät 5 Minuten miteinander verrühren. (Mit der Küchenmaschine 4 Minuten.)
Eine Springform von 30 cm Durchmesser gut mit Margarine einfetten. Teig einfüllen. Apfelschnitze spiralförmig in den Teig stecken. Mit Zucker bestreuen.
Form in den vorgeheizten Ofen auf die mittlere Schiene stellen und den Kuchen 80 Minuten bei 180 Grad backen.
Kuchen aus dem Ofen nehmen und 5 Minuten abkühlen lassen. Dann den Rand lösen, den Kuchen aus der Form heben und auf einem Kuchendraht erkalten lassen. Vor dem Servieren in Stücke schneiden.

Hamburger Sandtorte

Zutaten für 16 Stücke

Für den Teig:
250 g Butter
250 g Zucker
4 Eigelb
2 Eßlöffel Rum (73 Vol %)
1 Prise Salz
Mark einer halben Vanilleschote
abgeriebene Schale einer halben Zitrone
je 150 g Mehl und Speisestärke
4 Eiweiß
40 g Margarine zum Einfetten
20 g Semmelbrösel zum Ausstreuen
Für Garnierung und Füllung:
1 Eiweiß
je 25 g Puderzucker und gemahlene Mandeln
je 80 g Johannisbeergelee und Aprikosenmarmelade
250 g Erdbeermarmelade

Butter in einer Schüssel schaumig rühren. Nach und nach Zucker, Eigelb, Rum, eine Prise Salz, Vanillemark und abgeriebene Zitronenschale druntermischen. Mehl und Speisestärke in einer Schüssel vermengen. Eßlöffelweise in die Buttermasse rühren. Eiweiß sehr steif schlagen. Locker unter die Teigmasse heben.
Kastenform von 40 cm Länge mit Margarine einfetten. Mit Semmelbröseln ausstreuen. Form umdrehen und leicht beklopfen, so daß lose Semmelbrösel rausfallen. Form mit Teig füllen. In den vorgeheizten Ofen auf die untere Schiene stellen und den Kuchen 70 Minuten bei 180 Grad backen. Aus dem Ofen nehmen. Leicht abkühlen lassen. Auf den Kuchendraht stürzen und völlig erkalten lassen. Am besten über Nacht.
Für die Garnierung Eiweiß mit Puderzucker in einem Topf steif schlagen. Gemahlene Mandeln reinrühren. In den Spritzbeutel füllen. Durch die Sterntülle nun eng aneinandergesetzte Tupfer auf den Rand der geradegeschnittenen Kuchenoberfläche spritzen. Den Rest als Gitter über die Oberfläche ziehen. In den vorgeheizten Ofen auf die mittlere Schiene schieben und die Eiweißmasse 10 Minuten bei 160 Grad kurz überbacken. Kuchen aus dem Ofen nehmen. Abkühlen lassen. Waagerecht zweimal durchschneiden. Den untersten Boden mit dem Johannisbeergelee bestreichen. Den mittleren Boden drüberlegen. Aprikosenmarmelade drauf verteilen. Mit dem obersten Boden abdecken. Alle vier Kuchenseiten mit Erdbeermarmelade bestreichen. Eiweißgitter ebenfalls.

Safranbrot

Mehl in eine Schüssel geben. In die Mitte eine Mulde drücken. Hefe reinbröckeln. Mit 1 Teelöffel Zucker bestreuen. Ein Drittel der Milch draufgießen. Mit etwas Mehl vom Rand zum Vorteig verrühren. Zugedeckt an einem warmen Ort 15 Minuten gehen lassen.
Safran in der restlichen Milch auflösen. Butter in einer Pfanne schmelzen.
Vorteig mit Mehl mischen. Restlichen Zucker, Safranmilch, geschmolzene Butter, Salz, Ei, Eigelb und Rum zufügen. Alles gut verkneten und schlagen, bis der Teig Blasen wirft. Rosinen mit heißem Wasser abspülen und trocknen. Mit den Mandeln unterkneten. Zugedeckt 20 Minuten gehen lassen. Teig auf der bemehlten Arbeitsfläche kurz durchkneten. Drei Rollen von 50 cm Länge daraus formen und zu einem Zopf flechten.
Backblech mit Margarine einfetten. Brot drauflegen. Noch mal 20 Minuten zugedeckt gehen lassen. In den vorgeheizten Ofen auf die mittlere Schiene schieben und das Brot 40 Minuten bei 200 Grad backen.
Eigelb mit Milch verquirlen. 10 Minuten vor Ende der Backzeit den Zopf damit bestreichen und mit Hagelzucker bestreuen. Fertigbacken. Abkühlen lassen.

Safran war schon immer ein teures Gewürz, das sich früher nur feine Kaufmannshäuser leisten konnten. In einfachen hanseatischen Haushalten war es deshalb wohl sehr selten zu finden.

Zutaten

500 g Mehl
35 g Hefe
80 g Zucker
1/8 l lauwarme Milch
1/2 Teelöffel gemahlener Safran
125 g Butter
1 Prise Salz
1 Ei
1 Eigelb
1 Glas (2 cl) Rum
100 g Rosinen
100 g gemahlene Mandeln
Mehl zum Formen
Margarine zum Einfetten
Zum Bestreichen:
1 Eigelb
1 Eßlöffel Milch
Zum Bestreuen:
2 Eßlöffel Hagelzucker

Hamburger Apfelküchlein

Zutaten für 30 Stücke

600 g Mehl
30 g Hefe
1/4 l lauwarme Milch
100 g Zucker
60 g Butter
2 Eier
1 Eßlöffel Rum
abgeriebene Schale einer halben Zitrone
1 kg Äpfel
60 g Zucker
1 Eßlöffel Zimt
750 g Kokosfett zum Ausbacken
Puderzucker zum Bestreuen

Mehl in eine Schüssel geben. Mulde in die Mitte drücken. Hefe reinbröckeln. 4 Eßlöffel Milch, 1 Teelöffel Zucker zugeben. Mit etwas Mehl zum Vorteig verrühren. 10 Minuten zugedeckt gehen lassen.
Butter in einer Pfanne zerlassen. Leicht abkühlen lassen. Dann mit der übrigen Milch, dem restlichen Zucker, Eiern, Rum und abgeriebener Zitronenschale zu einem Hefeteig verarbeiten. Teig so lange schlagen, bis er Blasen bildet. 60 Minuten zugedeckt an einem warmen Ort gehen lassen.
In der Zwischenzeit die Äpfel schälen, halbieren, Kerngehäuse rausschneiden. Äpfel in kleine Würfel schneiden. In einer Schüssel mit Zucker und Zimt mischen. Dann unter den Teig heben. Noch mal 60 Minuten gehen lassen.
Kokosfett auf 180 Grad erhitzen. Mit einem Eßlöffel vom Teig Bällchen abstechen. Ins heiße Fett gleiten lassen und in 10 Minuten goldbraun backen. Mit einem Schaumlöffel herausnehmen. Abtropfen lassen. Auf eine Platte geben. Mit Puderzucker bestreut servieren. Am besten schmecken die Apfelküchlein noch warm.

Kopenhagener

Kopenhagener sind schon lange ein Hamburger Traditionsgebäck, das ursprünglich in Dänemark zuhause ist.

Zutaten für ca. 16 Stücke

500 g Mehl
300 g Butter
50 g Hefe
1 Ei
50 g Zucker
Salz
1/8 l Milch
Mehl zum Ausrollen
200 g Aprikosenmarmelade
Für den Guß:
100 g Puderzucker
1 Eßlöffel Arrak
1 Eßlöffel Wasser

150 g Mehl auf die Arbeitsfläche geben. Butter draufgeben. Mit einem Messer hacken und rasch miteinander verkneten. Zu einem Block formen, in Alufolie einschlagen und in den Kühlschrank legen. Restliches Mehl in eine Schüssel geben. In die Mitte eine Mulde drücken, Hefe reinbröckeln. Ei, Zucker, Salz und Milch reingeben. Miteinander verrühren, dann gut durchkneten. Auf der bemehlten Arbeitsfläche zu einem Rechteck von 30 × 15 cm ausrollen. Butterblock aus dem Kühlschrank nehmen, auf eine Teighälfte legen, die andere drüberschlagen und ausrollen. Dreimal wiederholen. Zwischendurch den Teig, in Alufolie verpackt, immer 10 Minuten ins Gefrierfach legen. Nach 5 Minuten umdrehen, damit er gleichmäßig durchkühlt. Weitere 15 Minuten kühlen lassen. Dann 1 cm dick ausrollen, mit einem sehr scharfen Messer in Quadrate von 10 cm Seitenlänge schneiden. In die Mitte einen Teelöffel Marmelade geben. Zum Dreieck zusammenklappen. Ränder leicht andrücken und mit einem Messer mehrmals kammartig einschneiden. Backblech kalt abspülen, Kopenhagener auf das Blech legen und 15 Minuten kalt gehen lassen. In den vorgeheizten Ofen auf die oberste Schiene schieben. 8–10 Minuten bei 250 Grad backen. Rausnehmen. Puderzucker mit Arrak und Wasser zum Guß rühren. Heiße Kopenhagener damit übergießen.

Braune Kuchen

Zutaten für ca. 80 Plätzchen

250 g brauner Sirup
60 g Margarine
80 g Schweineschmalz
125 g sehr fein zerstoßener brauner Kandiszucker
125 g Zucker
500 g Mehl
je 1 Teelöffel Zimt
gemahlene Nelken
Kardamom und
abgeriebene Zitronenschale
6 g Hirschhornsalz
etwas Wasser
6 g Pottasche
Margarine zum Einfetten

Sirup, Margarine, Schmalz, Kandiszucker und Zucker in einem Topf unter Rühren aufkochen. Vom Feuer nehmen. Mehl in eine Schüssel geben. Gewürze und Hirschhornsalz reinmischen. Dann die in etwas Wasser aufgelöste Pottasche und die warme Sirupmasse zufügen. Teig gut kneten.
30 Minuten im Kühlschrank ruhen lassen. Man kann den Teig aber auch zugedeckt 3 bis 4 Tage bei Zimmertemperatur stehen lassen.
Backbrett mit Mehl bestäuben. Teig portionsweise dünn darauf ausrollen. Mit dem Teigrädchen 3 × 7 cm große Rechtecke ausrädern. Auf ein gefettetes Backblech setzen. In den heißen Ofen schieben und 6 Minuten (pro Blech) bei 180 Grad backen.

Braune Kuchen gibt's in Hamburg und Schleswig-Holstein zu Weihnachten. Wir meinen, man kann sie immer essen. Zum Rum-Grog oder zu Tee mit Rum schmecken sie sehr gut.

Heidesand

Zutaten für ca. 100 Kekse

- **250 g Butter**
- **250 g Zucker**
- **1 Prise Salz**
- **1 Päckchen Vanillinzucker**
- **375 g Mehl**
- **2 Eßlöffel Milch**
- **Mehl zum Ausrollen**
- **Margarine zum Einfetten**

Butter im Topf gut braun werden lassen. In eine Schüssel gießen und abkühlen lassen. Mit Zucker, Salz und Vanillinzucker schaumig rühren. Das Mehl abwechselnd mit der Milch reinkneten. Arbeitsfläche mit Mehl bestäuben. Teig darauf in 4 cm dicke Rollen formen. Auf einer Platte 60 Minuten zugedeckt im Kühlschrank kalt stellen.
Mit einem Messer $^1/_2$ cm dicke Taler abschneiden. Auf ein gefettetes Backblech legen und in den vorgeheizten Ofen auf die mittlere Schiene schieben. Die Kekse 15 Minuten (pro Blech) bei 180 Grad backen.
Zartbraune Plätzchen aus dem Ofen nehmen, erkalten lassen und in Blechdosen aufbewahren.

Butter für Heidesand darf nicht dunkelbraun werden. Sonst schmecken die Plätzchen bitter.

Makrönchen

Zutaten für 40 Makronen

250 g Mandeln
1/2 Vanilleschote
250 g Zucker
3 Eiweiß
1 Teelöffel Zitronensaft
40 runde Oblaten von 4 cm Durchmesser
40 g feiner Zucker

Mandeln mit kochendheißem Wasser übergießen. Nach 3 Minuten auf ein Sieb schütten und abziehen. Mit Haushaltspapier trockentupfen. Durch die Mandelmühle drehen.
Vanilleschote halbieren. Das Mark mit einem spitzen Messer herausschaben. Mit dem Zucker mischen.
Eiweiß sehr steif schlagen. Zucker löffelweise zufügen und verschlagen. Gemahlene Mandeln und Zitronensaft untermischen.
Ein Backblech mit Oblaten belegen. Mit 2 Teelöffeln oder einem Spritzbeutel mit mittlerer Lochtülle kleine Häufchen darauf setzen. Leicht mit Zucker bestreuen. In den vorgeheizten Ofen auf die mittlere Schiene schieben und die Makronen 60 Minuten bei 140 Grad backen.
Aus dem Ofen nehmen. Auf einem Kuchendraht auskühlen lassen.

Teebrot

Teebrot ist ein lockerer Kuchen, dessen zarter Geschmack hervorragend mit aromatischem Tee harmoniert.

Eigelb mit heißem Wasser in einer Schüssel schaumig schlagen. Nach und nach Zucker, Salz und Vanillinzucker reinrühren. Eiweiß in einer anderen Schüssel zu steifem Schnee schlagen. Auf die Eigelbmasse gleiten lassen. Mehl und Speisestärke drübersieben. Alles locker unterheben.

Zutaten für 20 Scheiben

3 Eigelb
3 Eßlöffel heißes Wasser
150 g Zucker
1 Prise Salz
2 Päckchen Vanillinzucker
3 Eiweiß
100 g Mehl
100 g Speisestärke
Butter zum Einfetten

Kastenform einfetten. Teig reinfüllen und in den vorgeheizten Ofen auf die mittlere Schiene schieben. Das Brot 40 Minuten bei 180 Grad backen. Kuchen rausnehmen und in der Form abkühlen lassen. Aus der Form nehmen und in 20 Scheiben schneiden, nebeneinander auf einen Kuchenrost legen. Noch mal bei 220 Grad für 10 Minuten in den Ofen schieben.

Getränke zum Aufwärmen

Pharisäer

Zutaten für 4 Personen

1/8 l Sahne
8 Teelöffel gemahlener Kaffee
1 Prise Salz
1/2 l Wasser
12 Stück Würfelzucker (50 g)
4 Glas (je 2 cl) Rum

An der gesamten Nordseeküste erzählt man sich diese Geschichte: Der Pastor hatte nach Ansicht der braven Fischer wieder mal zu sehr gegen den Rumkonsum seiner Schutzbefohlenen gewettert. Da wurde es ihnen zu bunt, und sie griffen zu einer List. Fortan tranken sie ihren Rum einfach im Kaffee, verdeckt durch einen Klecks Schlagsahne. Klar, daß dem Pastor alkoholfreier Kaffee serviert wurde, wenn er zufällig mit von der Partie war. Klar auch, daß er sich darüber wunderte, wie fröhlich die Menschen um ihn herum wurden und wie nüchtern er blieb. Bis dann eines Tages bei einem Fest auch ihm aus Versehen Rumkaffee serviert wurde und er den Schwindel mit den Worten „Ihr Pharisäer" quittierte. Da hatten die Fischer ihre Strafpredigt, und das Getränk hatte seinen Namen.
Wäre noch zu sagen, daß viele Orte an der Nordseeküste die Geschichte für sich reklamieren. Wir halten uns aus diesem Wettbewerb heraus und empfehlen Ihnen statt dessen dieses köstliche Rezept.

Sahne in einer Schüssel steif schlagen. Kaffee und Salz in einen Filter geben. Mit dem sprudelnd kochenden Wasser aufgießen. Kaffee in vier Tassen füllen. Mit je 3 Stück Zucker süßen. Je 1 Glas Rum reingießen. Mit einer Sahnehaube (je 1 Eßlöffel) bedecken. Sofort servieren. Kaffee heiß trinken.

Grog

Rum muß, Zucker kann, Wasser braucht nicht. Sagen die Leute von der Waterkant. Wir haben Ihnen hier einen zahmen Grog gebraut. Wenn er Ihnen zu schwach ist, nehmen Sie das nächste Mal mehr Rum.

Zutaten für 4 Personen

1/2 l Wasser
40 g Zucker
4 Glas (je 4 cl) Rum

Wasser aufkochen. Stöpsel (oder Teelöffel) in die Groggläser stellen. Zucker (etwa je 2 Teelöffel) darin verteilen. Sprudelnd kochendes Wasser reingießen. Umrühren, bis sich der Zucker aufgelöst hat. Dann in jedes Glas 4 cl Rum gießen. Noch mal umrühren und genießen.

Seehund

Nicht nur wenn die Winterstürme heulen, auch im Sommer geht an der Waterkant manchmal ein so eisiger Wind, daß man außer einem warmen Pullover gerne was zum Aufwärmen hat.
Dann ist Seehund, der milde Punsch, genau das Richtige, um es gemütlich werden zu lassen.

Zutaten für 4 Personen

100 g Rosinen
1/4 l Jamaika-Rum (54 Vol. %)
1 l Weißwein
Schale einer viertel Zitrone
Saft einer halben Zitrone
100 g Zucker
1 Stück Stangen-Zimt von 4 cm
3 Nelken

Rosinen mit kochendem Wasser übergießen. Auf einem Sieb abtropfen lassen. In einem feuerfesten Steinguttopf mit Rum übergießen und zugedeckt 30 Minuten quellen lassen. Weißwein, Zitronenschale, Zitronensaft, Zucker, Zimtstange und Nelken reingeben. Punsch erhitzen, bis sich an der Oberfläche weißer Schaum bildet. Dann durch ein Sieb in einen Krug gießen. Heiß servieren.

Teegrog

Zutaten für 4 Personen

3/4 l Wasser
5 Teelöffel schwarzer Tee
4 Nelken
Zucker
4 Glas (je 2 cl) Arrak
4 Zitronenscheiben

In Friesland wird pro Kopf mindestens soviel Tee getrunken wie in England. Aber auch der Grog erfreut sich hier allergrößter Beliebtheit. Was liegt näher, als beides zu vereinigen – zum Tee-Grog.

Wasser im Kessel sprudelnd aufkochen. Teeblätter und Nelken in eine vorgewärmte Kanne geben.
3 Finger hoch mit Wasser begießen. 3 Minuten ziehen lassen. Dann das restliche kochende Wasser in die Kanne gießen. Tee nochmals 2 Minuten ziehen lassen. Durch ein Sieb in eine andere vorgewärmte Kanne gießen. Teekanne auf einem Stövchen zu Tisch bringen und sehr heiß servieren. Vorgewärmte Groggläser knapp drei Viertel voll Tee füllen. Jeder süßt seinen Tee nach Belieben. In jedes Grogglas ein Glas Arrak gießen. Zitronenscheiben drauflegen. Grog durch die Zitrone hindurch ganz heiß trinken.

Honiggrog

Zutaten für 4 Personen

1/8 l Wasser, 125 g Honig
2 gestrichene Teelöffel Zimt
1 Stück Vanilleschote
6 Gewürznelken
6 Pfefferkörner
1/2 geriebene Muskatnuß
1/4 l Wodka
abgeriebene Zitronenschale

Wasser und Honig unter Rühren in einem Topf erhitzen. Zimt und aufgeschnittene Vanilleschote zugeben. Gewürznelken und Pfefferkörner zerstoßen. Mit geriebener Muskatnuß in die Flüssigkeit geben.
15 Minuten sieden lassen. Wodka zugießen. Nicht mehr kochen. Mit Zitronenschale würzen. Zugedeckt 10 Minuten ziehen lassen. Durch ein Sieb gießen. In vorgewärmte Groggläser füllen und servieren.

Heißer Eier-Tee

Wenn es draußen so richtig kalt ist und man nach einem langen Spaziergang das unwiderstehliche Bedürfnis nach einer kräftigen und wärmenden Aufmunterung verspürt, ist heißer Eier-Tee goldrichtig. Wer nicht ganz so durchgefroren ist, kann die Rummenge etwas reduzieren.

Zutaten für 4 Personen

3/4 l Wasser
8 Teelöffel schwarzer Tee
6 Nelken
4 Eigelb
4 Eßlöffel Zucker
6 Glas (je 2 cl) Rum
gemahlener Zimt

Wasser sprudelnd kochen lassen. In Abständen von 2 Minuten je 3 Finger hoch über den Tee und die Nelken in die Kanne gießen. Wenn alles Wasser drin ist, den Tee noch 2 Minuten ziehen lassen.
In der Zwischenzeit Eigelb mit Zucker schaumig schlagen, vorsichtig den Rum dazugießen. Eiermasse in 8 Groggläser füllen, mit heißem Tee aufgießen und mit Zimt bestäuben.

Soll in zwei Runden serviert werden, empfiehlt es sich, den Tee in zwei Partien aufzugießen, damit er auch bei der zweiten Runde heiß und frisch ist.

Helgoländer Grog

Zutaten für 2 Personen

2 Glas (je 2 cl) Rum
2 Glas (je 2 cl) Wasser
4 Glas (je 2 cl) Rotwein
2 Teelöffel brauner Kandiszucker
2 Zitronenscheiben

Bei Grog braucht man es mit der Wassermenge nicht so genau zu nehmen. An der Küste sagt man: Je weniger Wasser, desto nördlicher wird ein Grog.

Rum, Wasser und Rotwein in einem Topf bis unmittelbar vorm Siedepunkt erhitzen. Dann bildet sich eine leichte Schaumschicht. Die Mischung darf nicht kochen.
Groggläser mit heißem Wasser ausspülen. Kandiszucker und Zitronenscheibe reingeben. Den heißen Grog drübergießen und sofort servieren.

Sylter Welle

Zutaten für 1 Person

4 Zuckerwürfel
2 Glas (je 2 cl) kochendes Wasser
je 2 Glas (je 2 cl) Rotwein und Rum
1 Nelke
1 Prise geriebene Muskatnuß
1 Scheibe Zitrone

Einwohner und Gäste der Insel Sylt halten eine Menge von harten, wärmespendenden Getränken. Denn nicht nur im Winter weht dort oft eine harte Brise von Nordost. Prima Gegenmittel: Sylter Welle.

Zuckerwürfel in ein angewärmtes Grogglas geben. Silberlöffel ins Glas stellen. Wasser reingießen. Umrühren, bis sich der Zucker aufgelöst hat. Rotwein und Rum in einem Topf mit der Nelke erwärmen (nicht sieden lassen!). Ins Glas gießen. Muskatnuß drüberreiben. Zitronenscheibe drauflegen und servieren.

Heißer Butter-Rum

Zutaten für 1 Person

- **1 Glas (2 cl) Wasser**
- **3 Glas (je 2 cl) Jamaica Rum**
- **Saft einer Orange**
- **3 Stück Würfelzucker**
- **1 Stück Zimt (1 cm lang)**
- **2 Gewürznelken**
- **geriebene Muskatnuß**
- **5 g Butter**

Beim ersten Niesen oder Husten empfiehlt sich ein heißer Butter-Rum. Das ist eine Art Grog. Aber der schmeckt ohne Erkältung natürlich viel besser. Und besonders gut ist er an kalten und nassen Tagen. Weil er so schön wärmt.

Wasser, Rum, Orangensaft in einem Topf mit Zucker, Zimtstange und Nelken erhitzen, aber nicht kochen lassen.
Ein Grogglas mit heißem Wasser ausspülen. Den Grog durch ein Teesieb ins Glas gießen.
Einen Hauch Muskatnuß über das Getränk reiben.
Die Butter ins Glas gleiten lassen. Sofort servieren.

Rotweinpunsch

Zutaten für 4 Personen

- **1/4 l starker heißer Tee**
- **80 g Zucker**
- **Saft einer Orange**
- **Saft und Schale einer halben Zitrone**
- **1/2 Zimtstange**
- **3 Nelken**
- **3/4 l Rotwein**
- **2 Glas (je 2 cl) Rum**

Der heiße Tee wärmt den Magen, der Rotwein das Gemüt und der Rum die Nase – so kommt man durch den Winter.

Den heißen Tee in einen Topf geben. Zucker darin auflösen. Mit Orangen- und Zitronensaft, Zitronenschale, Zimt, Nelken und Rotwein erhitzen, aber nicht kochen. Durchsieben. Rum zugeben. Verrühren und in 4 feuerfeste Gläser verteilen.

Der Punsch bekommt eine ganz andere Note, wenn Sie Zimt und Nelken weglassen und stattdessen eine Messerspitze gemahlenen Ingwer nehmen.

Rezeptverzeichnis

Der Mosaik-Verlag ist ein Unternehmen der Verlagsgruppe Bertelsmann

/ 5 4 3 2 1
Satz: Filmsatz Schröter GmbH, München
Druck und Bindung: Mohndruck, Graphische Betriebe GmbH, Gütersloh
Printed in Germany
ISBN 3-576-10483-6

Die belie
Rezept
deutschen

Diese lieber
bücher zeige
Küche ist, und
regionaler Re
bekannten G
Matjes, Berli
Gänsebraten
taschen finde
wie Kölscher
Erde. Der Ei
Freude an se
während Fre
der traditione
staunen dürf
Jeder Band i
ideales Gesc
reisende Tou
die Reihe ein
besten deuts